# 文学的藏宝图

凯鹅／著

辽宁人民出版社

ⓒ 凯鹅  2025

**图书在版编目（CIP）数据**

文学的藏宝图 / 凯鹅著. -- 沈阳：辽宁人民出版社, 2025. 5. -- ISBN 978-7-205-11518-0
Ⅰ. G792
中国国家版本馆 CIP 数据核字第 2025SA0116 号

出版发行：辽宁人民出版社
地　址：沈阳市和平区十一纬路 25 号　邮编：110003
电　话：024-23284325（邮　购）024-23284300（发行部）
http://www.lnpph.com.cn

| 印　　刷： | 天津丰富彩艺印刷有限公司 |
| --- | --- |
| 幅面尺寸： | 145mm × 210mm |
| 印　　张： | 9 |
| 字　　数： | 205 千字 |
| 出版时间： | 2025 年 5 月第 1 版 |
| 印刷时间： | 2025 年 5 月第 1 次印刷 |
| 责任编辑： | 刘　明 |
| 封面设计： | 主语设计 |
| 版式设计： | 新视点工作室 |
| 责任校对： | 冯　莹 |
| 书　　号： | ISBN 978-7-205-11518-0 |
| 定　　价： | 49.80 元 |

献给廖十三,

不是你的话这本书早写完了。

# 序言

起初,我从县城新华书店里,借到一本《汤姆叔叔的小屋》。

这部小说描述了黑奴汤姆被奴隶贩子转卖美国各地的艰苦历程,故事情节令人动容。不光我这么觉得,当时的读者同样这么觉得。小说1852年发表的时候,引起强烈的舆论反响,一时间废奴主义风行。不到十年后,美国内战爆发,总统林肯击败叛乱各州,赢得胜利。他曾风趣地评价小说的作者斯托夫人:写了一部书,引发了一场大战。

把林肯的评价和他的《葛底斯堡演说》对照起来看是很有意思的。《葛底斯堡演说》从说理的角度讲"我们为何而战",论证清晰,观点雄辩。《汤姆叔叔的小屋》则贡献了鲜活的生活史,使读者在具体情事当中,看到蓄奴制度怎样蹂躏同类,败坏道德。

一个是载之空言,一个是见于情事。我们对事物的判断固然需要高屋建瓴的观点,也需要在行动复盘、情节敷陈当中体会其深切著明。

文学作品所擅长的,正是后一种。

精读一部文学作品,能够感染情绪,激发判断。读者会在阅读过程中形塑观念,观念会影响我们对生活遭际的理解,激发对生活的热情。

这部小说很早就传入中国,晚清译家林纾翻译为《黑奴吁天录》,书名非常精当。司马迁讲,劳苦倦极,未尝不呼天也。遭遇苦难时,人就会问天咒天。这里的"天",近似于"冥冥中的天意"。黑奴呼的天却是明确的。指的什么呢?基督教的上帝。

汤姆叔叔是个基督徒,他认为上帝会看顾他,遭遇不幸时需要忍耐,人应该在信仰当中,寻找生的意义。他原先并不识字,为了读《圣经》,艰难地学习认字。

汤姆也是个读者,他吃力但是认真地阅读着对他来说最重要的文本。他在阅读过程中坚定了信仰,这信仰又支撑他熬过一生磨难,临终时宛如圣徒。

我自己也有过在阅读过程当中获得力量的经验。在不算愉快的求学时代,正是阅读《约翰·克里斯朵夫》支撑我度过很多沮丧时刻。现在我已经习惯了阅读带来的换位思考:如果很难跳出"我执",那不妨让另一个人的经历暂时占据大脑,从他的遭遇、他的反击当中理解事物的运作方式。当我再从书里跳回现实,总会收获很多启发。受益于此,至今我仍然保持着很好的阅读习惯,并由此发现许多生活乐趣。

汤姆叔叔的阅读经历使我对《圣经》也生起好奇心。为了更好地理解自己喜欢的作品，在读完一本书后，我会继续追索相关的其他著作。那些经典文本会被一再提及，切入的角度也非常多元化。我得以从不同的侧面去审视同一部经典。

一种感性的阅读脉络，在这个重复的过程当中固化清晰了。

这就是我阅读的经验。它是我的阅读史，也是我在理论书籍之外建立、生成的私人文学史。

这种脉络生成过程使我不仅一直身处阅读现场，而且能对理论类书籍形成更具把握的判断，以厘清作者的观点当中哪些确实蕴含着过人见识，哪些不过是泛涉之辞。

我非常珍视这种建立阅读脉络的过程，所以这本书也是沿用同样的逻辑来完成：确定一个话题，由该话题发散辐射到相关的文本，剖析和分享我在阅读过程当中的所见所感。

呈现这个过程对其他读者有什么意义呢？私以为，这不只是在分享我作为普通读者的私见，也是在展现阅读的深入、认识的累积的过程。

如果说很多理论书籍是在重复《葛底斯堡演说》式的结论输出，我希望这本书能提供的却是《汤姆叔叔的小屋》式的情事感染。我相信这更利于使读者喜欢上阅读、喜欢上经典文本。

禅宗公案里有一个很有名的故事：惠能得弘忍衣钵后出逃，师父弘忍护送，二人到河边，弘忍说，快上船，我来渡你，惠能抢过船桨，说：迷时师渡，悟时自渡。

阅读也会经过这样一种师渡与自渡的转变，其中较难把控的，恰恰是"师渡"这个环节。我没有把握通过薄薄一本书就教给读者终身受用的阅读方法，但是我可以展现我如何自渡，以启发其他未遇见名师的读者，在此过程中一窥阅读的乐趣与收获，生起阅读的热情和信心。

最后，感谢编辑李陈的认真负责，为本书成稿提供了莫大帮助。感谢阅读群的友友们，十多年相处，滋生出奇怪的归属感，使本人的工作、生活、阅读，多少和大家相关

是为序。

# 目录

**序言**
001

**第一章**
鲁滨逊的航船
001

**第二章**
始于荷马：故事的基本语法
019

**第三章**
搭建个人的文学史
043

**第四章**
跟作者掰手腕
061

**第五章**
如此生活三十年，直到"日常"崩塌
085

**第六章**
作家们的钱袋子
103

**第七章**
"时间不存在了"
125

**第八章**
杰克船长的魔法罗盘
147

**第九章**
物象：帽子就是要戴在头上
167

**第十章**
真正严肃的哲学问题只有一个
185

**第十一章**
超越庸常
207

**第十二章**
照进现世生活
229

**第十三章**
通俗与经典
245

**参考书目**
262

**后记**
272

/第一章/
鲁滨逊的航船

读者和鲁滨逊一样，在陌生的世界里"捡垃圾"，玩生存游戏。只不过鲁滨逊捡到、甄选的对象，是来自文明世界的物质资料，读者掌握的却是信息路标罢了。

翻完一本书，记住一句话。

你是不是就是这么读书的？

但也有例外的情况。我们会把整部作品作为攻克的对象，对字里行间的深意，反复沉潜回味，最终大获裨益。这种阅读行为，自然并非一蹴而就，乃是个经年用心、渐次沉淀的过程。

对经典文学作品的精读尤其如此。

我至今还记得初读《鲁滨逊漂流记》时的情景。那时我十五六岁，从未离开过出生的县城，网络不发达，最渴望但是找不到的课外读物是《堂吉诃德》。在这种情况下我得到了一本《鲁滨逊漂流记》。故事发生在大航海时代，鲁滨逊离开家乡，见识海浪、荒岛、野人，在迥异于文明世界的角落玩荒岛生存。那种陌生的世界在眼前缓缓打开、依靠双手征服生活的欣悦感，使我久久不能忘怀，也埋下最初的因缘。

当时我从未去过比县城更远的地方，用《百年孤独》里的话说，外面的世界发生天翻地覆的变化，我却像驴子一样日复一日在这里生活。反观鲁滨逊，他居然能违背父母意愿，出去航海。他见识过什么，当他决意过这样的生活的时候又付出了怎样的代价，这些都是我很好奇的。看他的那些非凡冒险，使我被县城封闭生活一直挤压着的一种热情，也爆发出来了。

对那时的我来说，好奇心，其实就是一种"参与愿望"。我想参与到外面的世界中去，参与到变化里来。虽然这充其量只是一种过屠门而大嚼，但对精读一本书来说，却是个非常好的开端。

我一次次阅读《鲁滨逊漂流记》，后来又花掉身上每一个铜板去搜罗更多的航海小说。书本里远航出去的每一条船，都使我羡慕不已。《海底两万里》《神秘岛》《金银岛》，先后对我发出邀请，我也收获了一次又一次阅读的快感。

是的，不只是见识外面的事件，同步也培养起来阅读的热情。这一点使我受益终身。

不过中肯地说，当时的我并不能辨识这些作品的好坏。

再一次翻开《鲁滨逊漂流记》是大学进了中文系之后。我忘记了具体的缘由是什么，可能纯粹是怀旧吧，想念熟悉的人物、熟悉的冒险、熟悉的风物。而这回，从那些熟悉的人物、冒险、风物的字缝间，我发现一个非常重要，但从前几乎从未注意的问题：鲁滨逊的宗教信仰问题。

宗教信仰对别的小说来说未必是人物塑造及故事情节发展的重要向度，但对鲁滨逊而言完全不同。他成长时的社会环境，他所抱持的价值观，他奉为信念的东西如何在现世中历练，以及经过这些历练后，他的精神世界发生了怎样的变化，这些内容，构成了鲁滨逊这个人物的思想深度。

而把它们归结起来，又全都和人物的宗教信仰问题相关。

鲁滨逊出生于中产之家，父母都是循规蹈矩的基督徒。他们深信中产阶层的生活是最好的，不会像贫苦阶层一样吃苦受罪，又免于上流社会的勾心斗角、腐化堕落。他们希望儿子过自己这样的生活，他们也有能力在家乡给儿子谋个差事。与此同时，他们还希望把自己所信奉的价值观传递给下一代：对上帝心怀谦卑，对未知心存敬畏，如此既免于外在的奔波，又收获内心的平静。

鲁滨逊显然不认同这种生活观念。他身处激动人心的大航海时代、大发现时代，各种冒险与发财的故事鼓动着他。与此相比，父母的说教就显得过于沉闷保守了。

时代风潮，父辈观念，二者之间形成一股戏剧张力，左右着人物何去何从。这正是鲁滨逊出发的起点，也孕育着他的命运。鲁滨逊被内心的激情催动，奔向新生活。父母的意见，连同他们的价值观念，被儿子一起否定掉了。

但事情远没有结束。鲁滨逊过去所受到的道德训诫，会在他以后的人生旅途中时时浮现出来，使他一次又一次把当下生活与父母的许诺拿来对比，究竟孰优孰劣，哪一个才是更好的选择。

海上的生活不可能总是风平浪静。那些困难似乎已无法克服的时候，鲁滨逊就反悔了，听腻了的说教在这时变得很有说服力。俗话说在家百样好，何况眼下在大海的狂风暴雨中，生死未卜，命悬一线。于是鲁滨逊开始认同，父亲描述的生活，才是正当的生活。而他现在遭受的颠沛流离，是神意为之不悦的表现。

宗教问题，成了一个关乎"正当的生活"的议题。鲁滨逊背离了正道，就像《圣经》里的约拿一样：

上帝交给约拿一个传教任务，而约拿因畏难情绪，不遵从命令，执意逃离。他乘坐的船刚出港，便起风暴，船员们惊惶不安。约拿决定不连累他人，跳进海里，以纾解神怒。船员们不再受牵连了，约拿却被海中的大鱼所吞噬。约拿在鱼肚子里惶恐地忏悔，上帝便宽恕了他。①

出生于基督教家庭的鲁滨逊当然非常熟悉约拿的故事，和他一同出海的船员们也是如此。遭遇海难，听闻鲁滨逊自述经历后，船员们认定鲁滨逊就是约拿的翻版。

他的父亲对我用一种郑重而关切的口气说："青年人，你不应该再出海了；你应该以这次的遭遇作一个显明的证据，证明你不能做一个海员。"我说："怎么，先生，你也不再出海了吗？"他说："那又是一回事。这是我的行业，也是我的责任。但是你这次航行，完全是一种尝试，这是老天爷有意给你点滋味尝尝，让你知道再坚持下去会有什么结果。我们这次遭遇也许就是由于你的缘故，就像他施船里的约拿一样。"②

---

① 详情可参见《旧约全书·约拿书》。
② 《鲁滨孙飘流记》，[英]笛福著，徐霞村译，人民文学出版社，2020年，第12~13页。也译为《鲁滨逊漂流记》。

包括鲁滨逊自己，如今也这么想了。

他自认勘破迷雾，今是昨非。在忏悔和愧疚当中，怀念起父辈的先见之明。那位年长的船主，甚至为此大发雷霆，因为鲁滨逊被诅咒的命运，也连累了他。

作为一个老读者，面对熟悉的文字，我像是打开了新书。从前被忽略的主人公的絮叨，竟如此缠绕交融于外部境况的变化。对我来说，人物的内心世界，甚至远比冒险其中的海陆更加广阔。

觉察宗教信仰问题对鲁滨逊这个人物的塑造的重要性后，我意识到这本书此时才刚刚对我打开。它并不只是在讲一个航海冒险故事，而是关于一个青年人如何成长，世界观如何成熟，其外在行动与其笃信的价值观如何走向统一的旅程。

鲁滨逊就像我们生活里鲜活的每个人一样，会被自己读进脑袋里的思想左右。这个人物的宿命，居然就潜藏在当初视为陈词滥调的父辈说教里。那些早就听腻的陈词，在新的境遇里，形塑他的思考，影响他的判断，并最终使他成长为完全不同的另一个人。

我们现在经常说的"人物弧光"，即故事主角经历一系列变化，从而有所成长的那种轨迹，在鲁滨逊的身上显露出来了。如果说之前我读到的主要是这个人在外部世界的冒险，那现在展现的就是他内心世界的狂风暴雨。

他那种盲目的热情在面临人生挑战时如何动摇；当此内心犹疑之际，他如何对某种确定性产生渴望；以及在这种渴望之下，曾经他弃如敝履的宗教陈词，又是如何一转而成为人生的信条。

对此时的我而言，这些变化，可能比荒岛和海龟还要有趣。我在这种好奇心的驱使下，努力想从文本当中理出头绪。而在兴趣的持续推进下，阅读便深入了。新的收获诱使我更深入地阅读，随后本书的作者丹尼尔·笛福，其身世、背景，也陆续现形了。

本来，读《鲁滨逊漂流记》这样的小说，作者是谁、什么背景，有什么紧要呢？

确实如此。

我并不认为每本书的作者及创作背景，在任何读者面前，都同等的重要。但如果有办法激起你阅读一部经典作品的兴趣，形成更具持久力的信念，和它相关的这些知识点，便迟早会自己来到读者的面前。此种情形下，读者能更鲜活、更深度地掌握它们。

对一个十五六岁，从未出过远门，对外面的世界一无所知的孩子来说，笛福是谁，出身什么阶层，《鲁滨逊漂流记》是不是第一部英文现代小说，这些知识点，一点都不重要。掌握了它们，也很难说有什么助益。当然，你确实可以正确地把它们填到考卷里，拿一个不错的分数，然后在考试结束的第三年彻底忘掉。从前努力学习的成果，也随之消散。

但对于此时的我来说，不单这个人物在故事里意味着什么是有意思的话题，作者虚构这个人物时，其背后与现实间千丝万缕的关联性和指涉性是怎样的，同样也开始问题化了。

所谓阅读的深入，实际上就是问题化的过程。你不单是从文本当中获取信息，更多的还是获取疑惑。你有疑惑了，即是作者发出邀请，欢迎你沿用他的设定，进行更深入的思考。

读者和鲁滨逊一样，在陌生的世界里"捡垃圾"，玩生存游戏。只不过鲁滨逊捡到、甄选的对象，是来自文明世界的物质资料，读者掌握的却是信息路标罢了。这些知识点在被你掌握以后，会变成称手的工具。有了这些工具，你将行渡到一个崭新的世界。

当初为了制造噱头，笛福把小说包装成了第一人称写就的伪自传作品。小说出版时，甚至没有署名。笛福和出版公司期待读者们相信，这确实出自一个海难幸存者之手。因为当时类似的海难故事非常流行，一个名叫亚历山大·赛尔基克的英格兰水手在荒岛上独居四年，因此声名大噪。正是这个故事启发了笛福，于是他便"蹭热度"，以海难幸存者的口吻写下了这部小说。

这种营销之举最后却产生了另外一项客观后果：笛福得以用心理活动的方式，继续探讨他一向关切的信仰问题，并把这些道德观念，实现到鲁滨逊身上。

前面提到，笛福在这个18世纪的航海故事、这部现实主义的作品当中，有意或无意地调用了"约拿"这个《圣经》中的人物和自己塑造的人物进行对比。笛福运用大量内心独白，向读者展现了现实版的约拿，如何在外部冲击下，一次次调整精神内部的信仰之锚。

读者可以看到，这本书不光是描写航海、荒岛求生，还描写了鲁滨逊内在的精神世界、精神生活。鲁滨逊的精神生活并非一成不变。刚出海时他说"我这个人的行动向来不以宗教为根据的"，并且"甚少宗教观念"，对宗教问题，他并不严肃。他没有过分关注信仰问题,甚至因为对父辈平庸价值观的排斥,厌弃了那些基于宗教伦理的道德说教。直到刚刚登上荒岛,他依然是这样。

但荒岛生活,带来持续的孤独。他只能独处,和自己对话,这种孤独状态彻底改变了他。他开始看重以前未曾深思的问题,也日益变得深沉:

> 做完祈祷之后,我拿起《圣经》把它翻开,第一眼就看到了下面的话:"等候着主吧,壮着胆吧,他将使你心里充满力量;等候着主吧。"这几句话所给我的安慰,真是无法用言语形容。于是我满心感激地放下书,心里不再难过了,——至少在当时。①

面对一系列的海难,面对独居荒岛的孤独,面对人生的未知,解决了所有眼前之急,又深陷心灵放空。当意义饥渴突然涌现时,鲁滨逊翻出《圣经》,用教义弥合实际经验中的矛盾。

作家E.M.福斯特有一个非常出名的文学人物分类。他把人物分成"扁平人物"和"圆形人物"②,那种类型化的、漫画式的人物,就是扁平人物。他们很容易被记住,一出场就被认出来,往往充当工具人。与此相比,圆形人物则复杂,更有性格纵深,不那么容易

---

① 《鲁滨孙飘流记》,[英]笛福著,徐霞村译,人民文学出版社,2020年,第150页。
② 见《小说面面观》,[英]E.M.福斯特著,杨淑华译,人民文学出版社,2021年。

被认识。鲁滨逊这种有成长性,其生活观念在变化当中,并经由实践而改变的,就属于圆形人物。

读者在其生活实践中看到,鲁滨逊需要那个曾经被冷落的上帝,需要一个能量之源,以克服过于强大的蛮荒世界。他对基督教信仰的理解,也因之而渐次深入。肇始于父辈,经过思考和实践,最后却又变成一种完全不同的新形态。

繁重的生活,勤快的秉性,有条不紊地执行着的行动计划。所有这些执着于外部性的繁忙,都不能压倒他寻求内心宁静的渴望。他希冀获得稳定的伦理支撑,他又需要使自己忙起来,沉醉于物质创造的细节中去。卡尔维诺诙谐地评论说,荒岛上的鲁滨逊和守规则的商人类似,一到礼拜天就去教堂捶胸忏悔,接着就赶快回去工作,以免浪费时间。[1]

另一方面,那种驱动着鲁滨逊更深度地介入时代变革的追求,以及繁重而充实的生活,又使他不能像虔诚的教徒一样耽于玄想的生活。

两种动力交织在一起,让鲁滨逊形成了不同于父辈教诲的另外一套宗教道德规范。这其中包括:极强的动手能力(鲁滨逊几乎总是在工作),一次次陷入困顿却又能白手起家的坚韧,对积累财富的热衷,以及驯服自然的热情。

神的教诲不再是指向彼岸,而是如何更合意地在此尘世当中

---

[1] 见《为什么读经典》,[意]卡尔维诺著,黄灿然、李桂蜜译,译林出版社,2012年。

成功。

这是一种全新的宗教伦理哲学,其不光表现在鲁滨逊这个虚构人物身上,更是一种对现世里时代精神的提炼。

《富兰克林传》的作者沃尔特·艾萨克森说,勤劳是一种神圣的也是世俗的美德,赚钱也是赞美上帝的一种方式。[1]这是对美国"国父"之一富兰克林的精神气质的描述,放在鲁滨逊身上,也同样适用。

笛福1719年出版了长篇小说《鲁滨逊漂流记》,创造了鲁滨逊这个人物,而美国的独立战争要到1775年才爆发。小说家似乎具备了前视功能,使鲁滨逊率先在荒岛上打磨出后来被马克斯·韦伯概括为"新教伦理"的美式价值观。

鲁滨逊不是一个人,而是一类人的典型,一种精神画像。他不只生活在虚构里,也广泛存在于现实中。他是一种生存方式,一种人和自然长期交互中生成的人类学形态。以至于这个文学人物,也成了社会学家们讲述自己关切的议题时,乐得其成的征引对象:

> 正如道登所说,和《鲁滨逊漂流记》中的情景一样,那些附带从事传教活动的孤立经济人,取代了班扬笔下那个匆匆穿过名利场、在精神上追寻天国的孤独朝圣者。[2]

---

[1]《富兰克林传》,[美]沃尔特·艾萨克森著,孙豫宁译,中信出版社,2015年。
[2]《新教伦理与资本主义精神》,[德]马克斯·韦伯著,马齐炎、陈婧译,北京大学出版社,2012年,第177页。

笛福60岁的时候才完成了这部日后最负盛名的作品。在此之前，他主要写一些政论或宗教方面的小册子。他出身中下层资产阶级，信奉迥异于国教的其他教派。因为替"不顺从国教者"写宣传册，嘲讽当局，曾坐牢半年，枷示三次。对他来说，宗教问题，是个绝对严肃的课题。

相比于笛福的个人命运，信奉国教者对清教徒的驱逐，在历史上有着更深远的影响：这批清教徒坐上"五月花号"，驶向大西洋彼岸，建立起秉承"新教伦理"的合众国。丹尼尔·笛福本人的政见与道德观念，勾勒出一个普世性的问题。

由航海小说展现的异域奇观，到鲁滨逊精神世界里的宗教信仰，再由这种宗教信仰，到现实社会中普遍性的新教伦理，这是我在阅读《鲁滨逊漂流记》这部经典文学作品过程中，逐次深入而看到的新视景。

由是，我便得出判断：《鲁滨逊漂流记》，和《神秘岛》或《金银岛》等作品存在着巨大差异。尽管它们在题材甚至情节桥段上有着各种相似或者趋同性，但它们的质量并非同样的好。《鲁滨逊漂流记》不只展现了一段奇遇，更描绘了一种更深层的戏剧性，以及某些普遍性命题对于人类的影响。笛福相比凡尔纳，理应享有更尊崇的文学史地位。

对鲁滨逊宗教信仰问题的关注，还使我注意到大洋彼岸的另一部海洋小说：梅尔维尔的《白鲸记》。

在各种意义上，《白鲸记》和《鲁滨逊漂流记》都是同一棵大树漂洋过海撒下的种子。鲁滨逊在荒岛上大谈宗教道德问题，以求安放那颗孤独的良心,捕鲸汉们则目睹着一位沧桑的神父走上甲板,把那里当成他的教堂。而这位神父布道的内容,又是那位可怜的约拿!

> 他是多么明显的一个逃亡者呀!没有行李,连一只盒子、提箱,或者一只旅行袋都没有——也没有朋友陪他上码头,给他送行。最后,经过多番躲躲闪闪的寻找后,他找到了那只正在装最后一批货物的他施船;当他跨上船要到舱里去见船长的时候,一时间个个水手都停止吊装货物,注意这个陌生人的一双贼眼了。①

梅尔维尔似乎是在得逞后狡黠地提醒读者:别忘了,航海的故事早在《圣经》里就出现了。既然如此,为什么不听一听专业人士——一位老水手的人生经验呢?

老子云,反者道之动。与笛福共享了同一文学史知识图谱的梅尔维尔,用其创作的以实玛利—魁魁格人物组合,颠覆了笛福的鲁滨逊—星期五结构。

笛福眼里的现代文明是进步的,未蒙现代文明染指的蛮荒是落后的,梅尔维尔则不然。白鲸意象指向了自然之力的混沌蓬勃,在其面前,人类是渺小的,自负于掌握现代技术的文明人肆意掠夺、无限膨

---

① 《白鲸》,[美]赫尔曼·麦尔维尔著,曹庸译,上海译文出版社,2020年,第61页。

胀，几乎是堕落的，远不如那些原始人来得知趣。

梅尔维尔在观念认知上回应了笛福，使用的叙事结构却颇有相通之处。通过二者的对比，以及其对更早的文本也就是《圣经》故事的回应，知识图谱就在读者的阅读期待之外串联起来了。

而这种串联的过程，甚至至今都未曾停止。

当你在电脑上启动游戏《合金装备5》，决定放松一把时，会听到游戏里的人物"亚哈！亚哈！"的呼唤——亚哈是谁？正是《白鲸记》里那位满腹复仇之火的独腿船长。

游戏制作人小岛秀夫为了讲复仇的故事，直接把复仇者的名字征用到自己的故事中。于是大家可以看到，《白鲸记》的故事继续在海洋上航行，在日本又启发了另一部杰作。不光游戏，电影也如此。卡梅隆导演的《阿凡达2》上映，《白鲸记》的故事再次以爆米花的形式现于银幕。

说这些并非向读者形容天底下多么缺乏新鲜事，或者一旦掌握了经典文学里的规则，将怎样对文化消费品的伎俩熟谙于心，而是暗示这样一种可能性：那些你在通俗故事里看到并为之感动或者雀跃的东西，在经典文学作品中，或许可以见到其更丰蕴、更有渊薮意义和原创性的风貌。

不光《鲁滨逊漂流记》，其他那些我非常喜欢，一再阅读，并逐步深化的书，也经验过类似的过程。以文学类别论，这些书大体来说都是被归为"名著"的作品，通常也是读者认为枯燥无味的类型。

这是组有趣的矛盾。既然被列为名著，理应更有意思，实际上反而没有通俗小说吸引人。那么，如果连读起来都味同嚼蜡，它们又是怎么成为经典的？

坦诚地说，这是个需要反求诸身的话题。

很多人忽略了一个事实，即阅读本身就是一种能力，需要刻意练习才能获得。海量的娱乐项目和习以为常的轻阅读，败坏了读者的品味，松弛了我们的专注力，以至于面对经典文学这样的肴馔时，我们居然无从入口。

不是名著不够好，而是许多读者不得其门而入。

作为读者，我们并不是要面对一整个书架的经典名著。我们甚至不能断言，那些被称为"名著"的作品同样有过硬的品质，或者同样地适合所有人。我们要做的，是基于你的兴趣，你此时此刻关切的某个议题，从中选出一本，然后保持专注。

你会因为什么原因，而打开一部经典文学作品？这是至为关键的临门一脚，也是需要主动培养的一种问题意识。关键不在于答案是什么或者是否一定能找到答案，而在于对答案的渴望所勾起的驱动和形成的正反馈系统。这种习惯可以陪伴你度过数十年的阅读生涯。一个好问题，会使你随着见识日增而日益扩大的知识网上，不断结出新的果实。

名著这东西，就是你会一再阅读的作品。最初始的兴趣是一颗种子，埋下去。向下扎根，同时向上发育。它会让以后的持续热情，显得水到渠成。到那一刻，高下自然能分，而你的辨识力已经养成了。

在后来的阅读经验里，我看到不同领域的学者征引鲁滨逊的故事，如韦伯、马克思等。这不仅证明了一部文学经典的魅力，也使我深信，那种鞭辟入里的旁征博引，绝非在书海当中无目的泛游就能驱动，而是源于对特定对象的持续性专注。

新知的累积有其不可预料的一面，源动力，则在于兴趣引发的持续专注。而想要获得这种专注念力，你就必须从兴趣入手。

"找到驱动—树立信念"，正是阅读这件事的关键第一步。

/ 第二章 /

始于荷马：故事的基本语法

整一和严密，或者说用故事情节抓住读者和听众，这些尚不是最高的目的。最高目的永远在于表达和引发思考，让人每次阅读时都能有新的收获。

## 第二章 始于荷马：故事的基本语法

我们来看一下欧拉公式：

$$e^{\pi i}+1=0$$

它很有品味。数学里最重要的几个数字，被欧拉用一种简单的运算关联在一起，创造了一个恒等式。明晰，简洁，统一。高斯说，如果一个人第一次看到这个公式，而感受不到它的魅力，那他不可能成为数学家。

文学作品也是这样。所谓要言不烦，好作品要能把事情说清楚，明晰简洁，不枝不蔓。

比如这首《贺新郎·读史》：

人猿相揖别。只几个石头磨过，小儿时节。铜铁炉中翻火焰，为问何时猜得？不过几千寒热。人世难逢开口笑，上疆场彼此弯弓月。流遍了，郊原血。

一篇读罢头飞雪，但记得斑斑点点，几行陈迹。五帝三皇神圣事，骗了无涯过客。有多少风流人物？盗跖庄蹻流誉后，更陈王奋起挥黄钺。歌未竟，东方白。

中国古诗词受限于篇幅问题，原不适合表达宏大题材。这首词却只用百十个字，写尽一部文明史。刀耕火种，三皇五帝，农民起义，这些画面刻画自适而齐整，被符合大众认知的史观统为一体，呈现出一部族群奋斗史来。不懂词的读者，也会觉得填得很好，能感受到读诗词的愉悦。

倘若我们把话题推深到更专精些的文学阅读领域，同样的法则依然适用。即不止一个公式或一阕词，一部鸿篇巨制也能凭借这种整一明晰，显其品味。

比较典型的代表是《荷马史诗》。其不仅使用长篇幅完成了更深入的探讨，并且完成的过程亦保持着不枝不蔓、质朴切实的调性。

对讲故事比较敏感的读者会发现，《伊利亚特》和《奥德赛》两部史诗，虽然创作跨度横隔数十年，并且表现出截然不同的精神气质，但同样是围绕一个中心事件展开叙述。

以《伊利亚特》为例，这部史诗篇幅浩大，希腊原文共有15693行。这么长的篇幅，其实只讲了一件事：特洛伊王子骗走斯巴达王后海伦，引起希腊人的愤怒，希腊人在阿伽门农的率领下攻破特洛伊城。

1.5万行诗句，只讲了一件事，听起来令人咋舌。但它的统一感，就是这样营造出来的。

这样浩繁的篇幅，对听众、读者的耐性，是严峻的考验。创作者必须时刻意识到这个问题。我们常说，一部"二十四史"从何说起！如果你手中握着繁杂的材料，却理不出一个把它们统摄在一起的"道"，那就很容易变成老太婆的裹脚布——又长又臭了。

不能把观众都吓跑。要能够持续地抓住读者的注意力,怎么抓?荷马的办法,是把所有情节,拴到一个故事链条之下。亚里士多德在《诗学》里总结说:

> 荷马似乎也有他的真知灼见。在作《奥德赛》时,他没有把奥德修斯的每一个经历都收进诗里,例如,他没有提及奥德修斯在帕尔纳索斯山上受伤以及在征集兵员时装疯一事——在此二者中,无论那件事的发生都不会必然或可然地导致另一件事的发生——而是围绕一个我们这里所谈论的整一的行动完成了这部作品。他以同样的方法作了《伊利亚特》。
>
> 因此,正如在其他摹仿艺术里一部作品只摹仿一个事物,在诗里,情节既然是对行动的摹仿,就必须摹仿一个单一而完整的行动。事件的结合要严密到这样一种程度,以至若是挪动或删减其中的任何一部分就会使整体松裂和脱节。如果一个事物在整体中的出现与否都不会引起显著的差异,那么,它就不是这个整体的部分。①

一部长诗,一条主线。和主线有关的允许讲,离题万里的就大胆裁掉。这样一种基础架构,确保了整部作品在叙述风格上的明晰性。

---

① 《诗学》,[古希腊]亚里士多德著,陈中梅译注,商务印书馆,1996年,第78~79页。

后来的西方文学史发展，新古典主义戏剧诸家倡导"三一律"，即是根据亚氏总结，进一步严格化而形成的。

所谓"三一律"，要求一部作品的展开，须保持时间、地点和情节的一致性。故事发生在一天（一昼夜）之内，地点在一个场景，情节服从于一个主题。这么一整饬，好处显而易见，矛盾冲突肯定集中，情节发展不允许延宕。各要素像是被刻意挤压，因之也会更具张力势能。曹禺先生的《雷雨》，就很符合"三一律"。如看过该剧，即可感受到这种处理方法的爆发力。

可以说，荷马实际上是发明了一种讲故事的基本语言，或者说奠定了讲故事的基本语法，亚里士多德则将之提升到理论的高度。

一直到当代，罗伯特·麦基在其关于编剧创作的著作《故事》里，仍然盛情推荐初学者读一读《诗学》。大众喜闻乐见的电影，同样遵循120分钟围绕一个中心事件展开的铁律。

不过，是否长故事必须这么讲呢？倒也未必。

所有的文学作品都渴望着读者的回应。其永恒的问题，始终是抓住读者的注意力，能做到这点就行。荷马给的是解法的一种，世界文学里当然也存在别的解法。

比如说，可以像变戏法一样，让读者一直有新鲜感。眼前的奇观让人应接不暇，目瞪口呆，讲述者牢牢控制节奏，读者们让哭便哭，让笑便笑。中场的歇息留个扣子，使读者走了仍旧茶饭不思，第二天准时回来。

《一千零一夜》就是这么干的。国王一直不知道明天还有什么故事，他就得一直盼着。讲故事的王后因为活着还有用，便一直死不了。王后很聪明，每天的故事不说完，留个扣子，欲知后事如何，且听明天分解。国王就总想知道后面发生了什么。这种悬念感延续了王后的生命，也形成一种结构长篇的笔法。

在此简单的逻辑上，最后发育出了繁复到让人叹为观止的外形。

《一千零一夜》的篇幅非常惊人，北京燕山出版社出版的完整中译本，足有整整十盒，但内容上又全都是短故事。这些短故事间层层嵌套，有机地组装为一个整体，显示出很精巧的结构性。可以说以其存在形态，精准地刻画出讲故事者的生存状态——失去读者的注意，故事甚至讲故事的人，也就被判了死刑。

再比如中国四大名著之一的《水浒传》，同样是个故事集。围绕不同中心人物，一个好汉的事儿讲完了，又因为他的人物行动牵出另一个人物，然后另一个好汉就变成新的主角，展开他的故事。第一回的中心人物是洪太尉，他误走妖魔，放出108个魔君（对应108位好汉）。其实洪太尉并不是全书的核心人物，这一回更多充当楔子的作用。第二回的主角是史进，第三回至第七回写鲁智深，第八回至第十二回写林冲落草，直到生辰纲事发、上头责令缉拿晁盖诸人，直到第十八回宋江才刚刚登场……

整部《水浒传》的结构，就是这样。用鲁迅先生的话说，"虽云长篇，颇同短制"。《儒林外史》也是这种写法。

这样的写法自有它的好处，比如说方便构造"人物长廊"，展示"时代绘卷"。也很漂亮，使人读起来神清气爽。那这种讲法跟荷马的讲法相比，有什么优劣呢？

前面说过，《伊利亚特》用一个事件主线统摄整部作品、统摄一连串行动的特征。1.5万行的诗句，持续性地投入到一个议题上，叙事就会有纵深，跟单纯地提供新鲜刺激，不可同日而语。

首先，故事发展受到持续关注，我们对人物的境遇理解，也会跟着越发深刻，情感投入越发有沉浸感。如此累积起来的情感势能，是非常恐怖的，也是故事集的写法不可比拟的。

武松这样我们耳熟能详的《水浒传》人物，当然不乏拥趸，但读者如想进一步了解，却会深感资料之匮乏。原因很简单，施耐庵并没有交代太多。

武松不惜抛弃前程，放弃正常生活的可能性，也要替"三寸丁、谷树皮"的哥哥报仇雪恨，为什么？这种一换一，是不是还面临一个"值不值"的问题？或者说，武二对武大，到底是怎样的深情似海，和武二对柴进、宋江的感情比起来又如何呢？

对这样的问题，作者并未交代足够充分的前情，我们也不知道，只能自己脑补。

金圣叹的批注就很偷懒。他说武松是天人，是非常"悌"的，天生就比别人更懂得做兄弟。当读者发现自己实在分享不了武松的道德高位时，就只能在别的素材里找理由。评书里就有"武松自小被哥哥抚养长大"等材料，用来回答"值不值"的疑问，可见读者的兴味并没有被原著作者所满足。大家对武松这个人物满怀兴味，施耐庵却忙着讲别的故事去了。

试想一下，如果施耐庵采用荷马式的叙事结构，会是怎样的情况？他一定会把与事件相关的要素，人物的性格、经历，他的价值观、行动指导，都刻画得明明白白。如此一来，武松这个人物也会展示出更复杂深邃的精神向度。

其次，在荷马式的整一叙事策略的前提下，人物的排布，实际上也变得更有秩序感了。

《伊利亚特》描述的是攻城破国的大事件。两个敌对势力，是阿伽门农率领的希腊联军，和国王普里阿摩斯坐镇的特洛伊城及其盟军。这是他们的较量，但实际上对战局起关键作用的，则是双方的英雄阿基琉斯与赫克托耳。

特洛伊城陷落与否，取决于赫克托耳能否屹立不倒。除阿基琉斯外，希腊无人能击败赫克托耳。而阿基琉斯因愤怒于阿伽门农不堪为王，处事不公，又拒绝出战。史诗起首云"歌唱阿基琉斯的愤怒"，意即谓此。

是故，要保证特洛伊城不陷落，就要保证赫克托耳身存；要保证赫克托耳身存，就要保证阿基琉斯不出战；要保证阿基琉斯不出战，就要保证他持续地愤怒于阿伽门农。

这种状态一旦打破，链条重组，战争也会导向别的结果。

链条如何打破呢？赫克托耳步步反攻，阿基琉斯密友帕特洛克罗斯不忍继续作壁上观，决定出战。他因知道敌军害怕阿基琉斯的威名，所以穿上阿基琉斯的盔甲。这盔甲果使他这位次一等的英雄所向披靡，爆发出原来不具有的勇力，但同时，也让他滋生出原来并不严重的狂妄。这狂妄使他杀死了宙斯之子萨尔佩冬，萨尔佩冬之死更使他的狂妄无以复加，甚至挑战赫克托耳。最终，他当然不敌赫克托耳，给自己招致死亡。

帕特洛克罗斯死亡的悲剧，在事件的链条上传导，激怒了密友阿基琉斯。现在阿基琉斯有了新的愤怒对象,他恨赫克托耳甚于恨阿伽门农,把因痛失友人而起的仇恨置于因冒犯自己而起的仇恨之上。赫克托耳要死了,特洛伊也即将破城了。

读完这个故事,那些最耀眼的中心人物会第一时间浮现在读者的脑海里;再进一步回想,环绕其周边的次要人物发出光亮;再凝神观察,便会看到更次一等的人物。这些英雄如星汉璀璨,最亮的一等星,次一级的二等星,恒星周围环绕着行星,行星周遭是卫星……它们构成了整个银河的璀璨,又因其整体的构成显出一种秩序感。编织这些人物秩序的文本,具有一种结构美。这种结构美,可以视为由这种整一的叙事策略派生出来的。

一部作品应该统一到一个完整行动里,而不是横生枝蔓,想到哪儿写到哪儿。就接受效果来说,这样能牢牢抓住读者/观众的注意力,使其不脱离讲述者的节奏;就作品的艺术品质而言,则能营造出一种统一感,使每个部分、每个细节都有明晰的功能和意义。这便是整一。

亚里士多德还提到一个形容词:严密。严密强调了叙事的"势",以及营造叙事之势的工巧。我们常说水无常形,但水流有它必然的"势",讲故事也同样如此。

福斯特提出过一个对情节和故事的重要区分。"国王死了,皇后随即也死了",这是故事。"国王死了,皇后随即悲伤而亡",这就是情节。前者描述两个接连发生的孤立事件,后者则描述其中的因果关系。因果关系把两个事件铆合在一起,营造了一种必然性,这就是"势"。

情节的严密性会强化这种"势",使部分有机地组成为一个整体。就严密性来说,情节的接榫缜密,有时甚至优先于人物的性格塑造。

为说明严密的重要性,亚里士多德提到了奥德修斯装疯这个很有意思的情节。

希腊联军决定攻打特洛伊,阿伽门农带着亲信来到伊塔卡,邀请其国王奥德修斯参战。奥德修斯眷恋家小,不想参加,就放出消息说自己疯了。阿伽门农不信,亲自前往查证。看到奥德修斯往田里犁地撒盐,阿伽门农大惊,认定奥德修斯真的疯了,心怀失望,准备离开。

一同前来的另一个英雄帕拉墨得斯却识破了奥德修斯的伎俩。他命人把奥德修斯的独子带来,扔到奥德修斯要犁的地上。犁刀近前,眼看就要伤到孩子,奥德修斯驾着牲口轻轻绕过。孩子的命保住了,奥德修斯的诡计却也被拆穿,只能跟着大家上路。

这个情节非常符合奥德修斯的人物性格:足智多谋,狡猾诡诈。

此外,奥德修斯和帕拉墨得斯此番结下的梁子,从未彻底平复过去。特洛伊战争期间,奥德修斯施展诡计令帕拉墨得斯蒙冤致死,这种迫害又激怒了正义女神。正义女神最终决定罚他在海上漂泊十年,才能回到家乡。[1]

由此不难看出,帕拉墨得斯是个很有意思的存在。他那种更为正

---

[1] 关于帕拉墨得斯的故事,读者可参考曹乃云编《希腊罗马神话小百科》中"帕拉墨特斯"条,上海辞书出版社,2019年,第381~382页。

派的智慧不仅使奥德修斯的多谋形象多了层灰度，使之更加立体，还在故事发展上使《伊利亚特》和《奥德赛》两部史诗剧情得以联动。

但荷马最终没有在《奥德赛》里采用这个情节。其间的缘故，是它并不隶属于奥德修斯回乡的这个整一行动。加入这个情节固然能使人物更生动，但也会损伤作品的严密性。

只有当所有的情节都严密地统摄于"回乡"这个行动后，作品的统一、明晰、纯粹的质地，才能达到最佳状态。这种统一、明晰、纯粹，展现了一种很出色的文学品质，也源于创作者的高超品味。

那么，既然情节的严密性如此重要，是否意味着经典文学的至高追求，就是在技法上追求情节无懈可击地层层推进？抑或，除此之外，还有没有别的要求？

恐怕亦未必然。我们可以再举个例子，作为对比。

金庸的武侠作品《笑傲江湖》，开头是这样的：福建福威镖局的少镖头林平之，带着家里的随从仆人出城打猎，回近郊后找到一家酒肆，将猎物就地做了下酒。遇上混混调戏酒肆少女，林平之仗义相助，失手杀人。不想对方是青城派掌门余沧海之子，青城派随即展开报复，福威镖局惨遭灭门。

讲述这个故事的时候，金庸很聪明地采用一个贴近林平之个人的限制性视角，这使读者得知的情报并不比林平之本人更多。我们和林平之一样，始终都蒙在鼓里。我们看着他年少轻狂，失手杀人；看着青城派形如鬼魅，悄无声息间就使整个镖局的高手相继横死；又看着林平之只身逃走，通过偷听和探查，一点点拼凑出事情的真相。

阅读的过程中，读者能隐约感觉出林平之的人物形象：自小养尊处优,心高气傲,社会的残酷却被溺爱的父母和家中下人精心掩饰。他闯下弥天大祸,都还以为自己"仅仅是杀了个人",最多一命抵一命,一人做事一人当。他想不到江湖的险恶,更料不到自己这次鲁莽的义举会让身边的所有人都蒙难。

读者也会看到,林平之对即将到来的危险毫无心理准备。借林震南之口,读者还会发现,福威镖局今天虽然家大业大,林震南的武学造诣却难称一流。林震南开导儿子说,镖局三代攒下名声的成功经验,"名头占了两成,功夫占了两成,余下六成靠黑白道赏脸"。能耐是"混"出来的,不是"练"出来的。他又说到林家三代单传,祖上独门绝学辟邪剑谱确实很厉害,到他这代已经未得其精髓。

由这些信息,结合镖局高手离奇横死的场面,读者又可以得出这样的印象:林震南登场时,固然一副久立江湖的高手模样,但他的游刃有余,恐怕也是在一定限度的危机之内。面对江湖之深,他也可能会碰上不能自保的情况。就算整部书里确实有英雄可以"笑傲江湖",也一定不是他。

林震南亲身前往四川,青城派、峨眉派甚至见都懒得见他。而这两个门派在嵩山、华山等五岳剑派面前,又逊一筹。但就算是五岳剑派,也需要联手才能应付更强盛的对手。江湖深不可测的景象,于此影影绰绰勾画出来。

等真相逐渐浮出水面,我们掌握越来越多信息后,又一个重要翻转出现了:原来青城派和华山派早就盯上了林家,那个被余沧海儿子调戏的女子,正是华山派掌门人岳不群的爱女岳灵珊。各路人马齐聚福建,都是为了林家的武功绝学辟邪剑谱。甚至于林家之所以三代单传,包括林震南之所以学艺不精,也都和这门绝学的独特练功方法紧密相关。

但现在的情况是,林家后人的能耐并不足以守护祖上的秘宝。于是乎,匹夫无罪,怀璧其罪。林平之的危险不光在于杀了不该杀的人,更在于林家拥有了不该有的东西。这不光扣回那个权力以及阉割人性的象征——武林绝学,也使林平之这个人物塑造更丰满,他的黑化也更具有说服力——他一定会重新审视自己当初的义举,并且为自己的鲁莽心怀愧疚,乃至因为华山派最初的心怀不轨而迁怒于岳灵珊。

我们看到,金庸前文随悬疑和动作间,看似不经意点缀的无关闲白,都是为了铺垫后文更惊人、隐藏更深的真相。就描写"一入江湖深似海"这一点来说,金庸很成功。更成功的是,他精心编织的情节很抓人,读者忍不住就想读下去,一探究竟。

初读这个故事的时候,我感到紧张刺激,欲罢不能。它的情节环环相扣,走向峰回路转,让我的注意力被作者牢牢抓住,恨不得立刻就搞明白一切真相。

但这并不意味着,这样环环相扣、能一直抓住读者注意力的作品,就一定是品味上佳、第一等的作品。

首先毋庸置疑,《笑傲江湖》的故事读起来非常痛快。在编织情节、持续有效地抓住读者的注意力这一点,《笑傲江湖》做得更好,它确实是严密的。从史诗到小说,近三千年的文学史积累了足够多的技巧,使后来者做到这一点。

不过二者的主要区别,并不只是谁更善于拿捏读者的关注。更重要的一点区别是，金庸将几乎所有心血与才智用于编织情节和描绘动作奇观，荷马却有充分余裕做别的事情。

我们来审视一下《笑傲江湖》开头的那段环境描写：

> 和风熏柳，花香醉人，正是南国春光漫烂季节。
>
> 福建省福州府西门大街，青石板路笔直地伸展出去，直通西门。一座建构宏伟的宅第之前，左右两座石坛中各竖一根两丈来高的旗杆，杆顶飘扬青旗。右首旗上黄色丝线绣着一头张牙舞爪、神态威猛的雄狮，旗子随风招展，显得雄狮更奕奕若生。雄狮头顶有一对黑丝线绣的蝙蝠展翅飞翔。左首旗上绣着"福威镖局"四个黑字，银钩铁划，刚劲非凡。[1]

部分读者也许会觉得写得"很有意境"，即便如此，却恐怕很难否认，这段描写的功用只是提供了一幅可以想象的画面，以使后续打斗能有个地方施展开。它不是某种唯一的、意味深长的决定性情境，而更像是作者从背景素材库里随机挑出一张，以丰富画面元素，使前景不那么寥落。

对金庸而言，最重要的是情节，是故事，是人物。至于周围的环境，相对来说就没那么重要，不用费心力去设计，读者不觉得突兀就行了。

---

[1]《笑傲江湖》，金庸著，广州出版社，2013年，第5页。

作为口头文学,史诗并不适于展开环境描写,但是从零星的片段中,我们依然可以认识到荷马的高明之处。

《伊利亚特》里,希腊联军生活在海岸旁的战船与兵营里,条件简陋,风餐露宿,士兵们过着一种朴素的物质生活。作为对比,特洛伊人则生活在城池坚固的宫殿里,这里的一切都透着奢靡、精巧,呈现出某种女性化的和东方主义式的生活趣味。考虑到他们正处于战争,这显然极为不利:

> 当他到达普里阿摩斯的无比精美、
> 建有条条雕琢的柱廊的宫殿时,
> 宫殿里五十间光辉的石室彼此邻近,
> 供普里阿摩斯的儿子们同他们的妻子睡眠;
> 在他们的居室的另一个方向,靠院子里面,
> 用光滑的石头盖成长长的屋顶,
> 一个挨着一个,一共有十二个房间,
> 供他的女儿们使用,普里阿摩斯的女婿们
> 在里面睡在他们的含羞的妻子旁边。①

两种不同的环境不光提供了各自人物的活动场所,还彰显了两种截然不同的精神气质。

---

① 《荷马史诗·伊利亚特》,〔古希腊〕荷马著,罗念生、王焕生译,人民文学出版社,2020年,第161页。

荷马透过环境描写向读者展示，希腊人是质朴勇敢的战士，生活在同袍气概当中。特洛伊人则追求物质奢华的生活，已经引起其精神力量的萎靡，他们妻妾成群，家仆环绕，待在由血脉、姻亲组成的温柔乡里。

赫克托耳从战场回到家，他头戴帽盔的威武形象甚至吓到了孩子。等他脱下帽盔，由战士转为父亲，孩子才敢相认。这里发生的不光是身份的转换，更是两种不同生活崇尚的转变。

对特洛伊人而言，作为战士的现实，长期被作为东方君王的奢靡生活精心掩饰，这已经让他们的处境形同待宰的羔羊。尤其是那位闯祸的弟弟帕里斯，刚从战场下来，头一件想到的事就是找海伦求欢。特洛伊人追求享乐之无度，连海伦都看不下去了。

这样的场景描写，不光展现了唯一的、决定性的生活风貌，甚至隐含着意味深长的道德评判：特洛伊人在温柔乡里沉沦太久，已经不适合战场的残酷了。这也让帕里斯王子追求阿佛洛狄忒之馈赠——海伦的爱情——这件事，其后果显得尤为致命。

《伊利亚特》要写特洛伊城的覆灭，这个覆灭不只是输了几场战役那么简单，还有两种文化风尚的对垒，乃至于荷马对本位文化与异文化对立的褒贬。特洛伊城的覆灭是以命运的方式降临的，而要把"命运"这样虚无缥缈的东西写活，就需高屋建瓴，将这个虚无缥缈的对象涂抹到人物、器物和环境上。

有这么高的要求，该怎么实现？作者只能一笔当多笔用，正面写或背面敷粉，提前布局，草蛇灰线，哪怕空白处也蕴含情绪，停顿处也有绵延的文势……所有笔法、技法，就这么逼出来了。中国古典文论常提到一个说法叫用笔如用兵,不是没道理的。

其他文学经典,比如《高老头》里的伏盖公寓,也不只是个会发生故事的地方,它还意味着不同阶层的人群,形色各异的犯罪分子,被有机地统合到一张构图里。

伏盖公寓就是一个小社会,这个小社会里阴谋蠢动,利益暗涌,善和恶无时不在隐秘处发生。这不是"随便某个人物的故事发生在了某个场景中",而是决定性的场景下活动的人们,呼吸生存于某一种特定的生活样貌。

在文学经典里,环境描写的意义远不止仅仅为事件发生搭一处舞台,它还有更深刻的内涵。通俗作家为追求阅读的愉悦感,要向读者邀宠,对这些向度则往往精明地省略掉。

不光是环境描写,金庸在其作品中下的一切功夫,人物塑造也好,环境描写也好,甚至是为了构建武侠世界而特地使用,与现实有间离感的古典白话腔也好,都是服务于一个目的:拉开读者和现实的距离,在幻想世界里用情节牢牢抓住他们。

他所营造的整一性,本身就是为了情节快感。

通俗作者手里的资源有限。当他选择把弹药全部都投在引人注目的情节和动作奇观,使人在初见时持续地保持紧张感,也就放弃了其他的可能性。有时候,他们也并不注意,或缺乏才具,不能用很少的叙事实现多重目的。

经典作家和通俗作者一样,都是需要争取读者注意力的,但与此同时,经典文学作品还抓住了某些更意味深长的东西。这些"意味深长"的东西将在叙事当中呼应更高维的议题,和故事形成共振。

在第一章里，我们提到过一个说法：所谓名著就是你会反复阅读的作品。在反复阅读的过程中，编织情节制造的快感会慢慢消退。毕竟只需要仔细地读完一遍，你就已经能知道全部真相了，随后你就会转而注意一部作品里有没有其他东西。结果就是，多读几遍后你能察觉到经典作品更蕴藉，拥有着更具质感的叙事密度。

整一和严密，或者说用故事情节抓住读者和听众，这些尚不是最高的目的。最高目的永远在于表达和引发思考，让人每次阅读时都能有新的收获。这种审美活动，可不是单靠读者自己去脑补就能实现的。

这就好像，《几何原本》有其统一、明晰的一面，初始的公理基石更是足够简单。但它的存在并非只为向你展现每一环论证的严密，在形式和论证之外，还有更深层次的价值内涵。

我们不妨从《伊利亚特》的经典开头"歌唱佩琉斯之子阿基琉斯的愤怒"说起，看看我们一直探讨的对象《荷马史诗》，有没有这种"更深层次的内涵"。

阿基琉斯为什么会愤怒？《荷马史诗》在第一卷里，就已经告诉你背后的原因：阿伽门农抢走阿基琉斯的战利品，视荣誉为生命的阿基琉斯将此视为莫大挑衅，愤而退出攻城战。这件事的后果是致命的，荷马说道：

……那一怒给阿开奥斯人带来

无数的苦难，把战士的许多健壮英魂

送往冥府，使他们的尸体成为野狗

>　　和各种飞禽的肉食……①

　　荷马写到了死亡。请注意，这是个非常重要的课题。阿基琉斯的愤怒给许多人带来了死亡。

　　跟其他将士不同，阿基琉斯原本可以不参加这场战争。在生下他之后，他的母亲女神忒提斯就已经提前获知了儿子的两种命运：要么留在家乡，健康长寿地无忧终老；要么在战场上成为最强大的战士，留下威名，但早早就死去。忒提斯为了避免第二种可怕的结局，甚至想了很多躲藏办法。

　　别人是没的选，只能赶赴这里，阿基琉斯不同。他明知两种选择的归宿，在经过理性思考后，仍然做了这个严肃的选择。

　　荷马用不带感情的笔调刻画了死亡的残酷：死后尸体会被野兽分食，人生短暂如树上落叶，即便长寿与智慧并重的涅斯托尔，迎来暮年后也无法与年轻的战士争勇。古典学者加斯帕·格里芬评论说：

>　　令史诗如此伟大的，正是这种对人类生命一以贯之的悲剧式态度。②

　　就像格里芬所说，"《伊利亚特》感兴趣的不是战斗的技巧，而

---

① 《荷马史诗·伊利亚特》，[古希腊] 荷马著，罗念生、王焕生译，人民文学出版社，2020年，第1页。
② 《荷马史诗中的生与死》，[英] 加斯帕·格里芬著，刘淳译，张巍校，北京大学出版社，2015年，第143页。

是命运；是光彩照人、精力充沛的英雄，逐步坠入死亡的经过"。死亡，是一个非常严肃、非常有深度的话题。这个话题的严肃性，悬置在如兵阵徐进的情节之上。

和通俗作者不同的是，荷马并不热衷于让读者持续保持紧张感，他有更重要的事要做。席勒甚至发现，诗人还经常在情节的高潮转述其他内容，以延缓、平复读者的心绪。这对绷紧情节之弦来说显然是无所助益的，换到通俗作家手里可能干脆省掉，但是对那个更高、更意味深长的目的而言，这却非常重要。这种延缓、平复的策略，与诗人面对残酷死亡时透露出的怜悯、平静是一体的，它们共同构成了作品风格上的质朴崇高。

前文说起过阿基琉斯之怒。阿基琉斯选择了名声，选择了荣誉，慨然前赴自己短命的人生。在此心境之下，阿伽门农对其荣誉的剥夺，便是对其生命的剥夺，这就是他愤怒的原因。

在这种坚实原因的支持下，连"愤怒"这种人性的缺点，也变得坚实而理直气壮了，于是人性的局限也就更难克服了。后来随着故事进程的推进，读者发现阿基琉斯看重友情甚至到了高于荣誉的地步，他因为失去友人而激起了更强烈的愤怒，人性这个东西也就显得更复杂了。这就是荷马最终实现的效果。

愤怒一定会有后果的。阿基琉斯愤怒的退场给盟军带来巨大死亡，他愤怒的进场又给敌军带来命定的覆灭。他在盛怒之下残忍地杀害了赫克托耳，并绕着特洛伊城蹂躏其尸体，令这座摇摇欲坠的城池里无数亲人、战士、妇女为赫克托耳哭泣，恐惧自己即将到来的死亡。

阿基琉斯是易怒的。他有众多美好的品质，比如身躯美好，勇猛无双，待人亲和，情感丰富。但是当他处于盛怒之下，这些品质便不复存在，盛怒将给他自己、他周围的人和他的敌人都带来灾难性的后果。

这种性格特质暴露了阿基琉斯的局限性，这种局限性又深植于人类面对命运的局限性。

对凡人阿基琉斯而言，这就是个无解的问题。人性就是这样，所有人都有优点，有缺点，还有致命的弱点。所谓的"阿基琉斯之踵"不是某个身体部位的弱点，而是精神上的弱点导向了某种宿命。

即便如此，阿基琉斯之怒的内涵，也不是三言两语所能概括的。他为荣誉而愤怒时显出生之激情，走向偏执时又令自己化身祸首，但是当他为友人愤怒，又具有某种自我超越的崇高性。

这就是荷马完成的工作。他写了一件事，更是写透了一种人性的弱点。荷马很坦率又很有概括力地完成了描绘，使这部史诗既是写实，又是有穿透性内涵的神话，一直照耀到我们当下的生活。

现在我们说回战场。赫克托耳的死意味着特洛伊城的覆灭，它同样昭示着普里阿摩斯的丧亲之痛。为了寻回被践踏的孩子的尸体，普里阿摩斯深夜孤身一人到访，哀求胜利者阿基琉斯。此时此刻，他是个绝望的人，也跟阿基琉斯的父亲一样，是个注定要忍受晚年丧子之痛的病弱老人。

阿基琉斯失去了挚友，普里阿摩斯失去了儿子，相同的悲苦处境，反而让仇敌有了共通的情感基础。阿基琉斯不再愤怒，他选择了悲悯。死亡问题，竟这样奇迹般疗愈了。

阿基琉斯是《伊利亚特》里最大的英雄，但出人意料的是，史诗的尾声并不是这个大英雄更壮烈的死亡，反而是他对死亡问题的克服。他进入了一种内心宁静的状态。这样一种宁静，也使得故事在情感结构上维持了一种平衡。当然，我的讲述是有限的，其优点和原著比，不及九牛一毛。有时间的话，大家一定要自己看看这个故事。

最后，我们或许可以对荷马的工作稍作总结，并借此一窥文学经典与通俗故事的异同。

简单说，荷马以其两部史诗，奠定了一种讲述长篇故事的基本语法。比如说讲故事要有一个前后统一的中心事件，在事件的发展行进过程中，人物的内在复杂向度得以充分展示出来。这种方法被历代作者及文论家总结、探讨，也成为当今比较主流的讲故事方法。在电影、通俗文学等当中，被广泛采用。在荷马而言，其运用这种方法的过程中，构建起自己明晰、朴实的文学美感。

在熟练运用这种故事技法的基础上，荷马并不止步于提供情节快感。他还在作品当中灌注了更多意味深长的东西。比如说对命运的思考，对凡人生活局限性的克服，等等。这种"情节以上"的东西，构成了伟大作品的原创力，恒久的陌生性，促使读者们反复阅读，并总有情节以外的收获。实际上这种促使读者反复阅读的"陌生性"，也是文学经典相较于通俗故事而言一个比较突出的特点。

为了尽快地与这些表现较高品味的作品建立连接，或许我们就得思考文学史的问题了。那么，在系统地阅读学习之前，需要读一读文学史吗？咱们下章讨论。

/ 第三章 /

搭建个人的文学史

历史研究要求论从史出,对有效益的文学史沉淀而言,却永远不可能忽视你自己的感受。如果你打算享受其中,就该明白重要的不是标准答案,而是你如何调动个人的情感与理性,产生自己的所得。

学习文学史并非为了记知识点，背名词解释，而是旨在促进形成属于自己的知识系统。

　　历史学者严耕望先生分享自己的知识经验，谓学者应博、专兼具。

　　为要专精，必须有相当博通。所谓学会两门语言，才能掌握一门语言。博通如何做到？要树立大的目标，把大目标分解成小目标，而不是只专注于"点"，抱个题目去翻材料。专注于点，似快实慢，因于多种材料里按己所需地取，看似不相关便舍之不顾，待到别的题目需要这材料，还要重新看过，费时费力，根基不稳。专注于大目标似慢实快，放慢脚步，潜心学习，便容易发现问题，一份材料多处用，格局与视野也会因累积而拓宽。①

　　对经典文学作品的阅读也同样如此。在掌握牢知识系统前，以读网文的心态读经典，读者从中能收获的，只能是与网文阅读旨趣近似的东西。如果你沉醉于网文打怪升级情节提供的角色成长快感或逆袭情节提供的满足感，如此形成的阅读范式会带你搜寻文学经典里相似

---

① 详情可参阅《治史三书》，严耕望著，上海人民出版社，2016年。

的桥段，别的更深刻的东西却不会立刻显明。而当你构建起知识系统，把学到的知识、阅读的经验和作品的创作背景都连成片后，思考力也随之增强。

再者，就算你首次尝试就刚好捕捉到让自己食髓知味的名著，让你大呼过瘾，以此形成的碎片化知识也仍旧只是短期记忆，只有形成系统后才能更牢靠地容放它。

但这种学习并非鼓励读者硬啃文学史，看生涩的理论教材，这种努力经常是可疑的。搭建知识系统是指我们应抱持一种开放的心态，尽可能多方面地吸纳相关知识。泛泛而谈的文学史简单翻阅就行，要多读些目标文本的专题化研究，沉淀出自己的私人文学史。

比如阅读《荷马史诗》时，就可以同步参阅相关的背景知识与专题论著，形成对作品流传和时人观念等方面的认知，这样在阅读原典时，也能领会得更深一些，而不是只在故事表层游弋。

前一章我们提到，导致阿基琉斯出战的直接动因是帕特洛克罗斯之死。在荷马的叙述下，他们是密友、玩伴，但是埃斯库罗斯的笔下和一些陶杯画像上的描述中，他们却是恋人关系。

另一个比较著名的典故是，同样易怒的亚历山大大帝常以阿基琉斯自比。亚历山大路过特洛伊旧城，到阿基琉斯墓前祭拜，他的伴侣赫费斯提翁也前往帕特洛克罗斯墓前祭拜。以古人比拟自身，也反映出后来者对史诗中两位人物关系的认知，他们仍旧是把阿基琉斯二人当作恋人看待的。

我们不妨设想当时情景：荷马在给他的听众表演史诗时，大家共享着一个神话潜文本。他的听众们熟悉宙斯、雅典娜，就像我们熟悉时下的明星八卦一样。那么，要成为一个合格听众，后来的读者势必要做些准备工作，比如学习古希腊神话，以便融入讲述的语境。

最低程度上，要理解主要神祇之间的联盟与对立、好感与憎恶，比如说阿瑞斯和阿佛洛狄忒是什么关系，阿佛洛狄忒、雅典娜、赫拉三人结怨何处，阿基琉斯的母亲与宙斯有怎样的渊源，等等。这样，对作品里直接讲到的那些事件和相关人物，以及其行为、其动机，才能有较切近的理解。

神话不只见于文本，还会旁涉壁画、瓶绘、青铜造像等多种艺术形态。有时荷马掌握的某个神话叙事，跟我们今日看到的版本出入颇大，但是某些壁画或瓶绘研究中的版本，却可能与荷马相契。

不光古代的材料交相辉映，读一些今日读者对荷马的理解，也会带来些预料不到的视角。

有一本书叫《与父亲的奥德赛》，这是本挺有意思的自述随笔。作者丹尼尔·门德尔松是个讲授古典学的教授，而他的父亲是位科学家。他们父子情深，又总有些客气的隔阂，就像常见的父子关系那样。

某一天，父亲提出要求，问可否旁听儿子讲的古典课。丹尼尔正在给学生讲授《奥德赛》，于是答应让父亲作为插班生参与进去。某种意义上，《奥德赛》也恰好是一部关于父亲和儿子的书。于是，这趟由现实回忆和史诗情节探讨交织而成的阅读之旅便开始了。

在史诗的叙述里，奥德修斯克服万险回家，远在伊萨卡的家里也并不太平。求婚人赖在他家吃喝耍弄，浪费他的钱财，奥德修斯的儿子特勒马科斯不得不离开家乡，出门寻父。只有找回缺位的父亲，才能终结这种失礼而浪费钱财的闹剧。

在丹尼尔的古典课上,父亲的缺位不光体现在家庭处境上,还具有强烈的心理学内涵。相比求婚人对母亲的骚扰,父亲缺位带来的这种情感危机,更能引发读者的关注。

有个网络用语,叫"丧偶式育儿",指的是爸爸很少参与孩子的成长,奥德修斯与特勒马科斯的关系便是这样。作为父亲,整整二十多年,奥德修斯都缺席了儿子的成长,这对特勒马科斯意味着什么?他对此作何感想?

于是,当丹尼尔的一位学生布伦丹把这个问题提出来时,其他学生,包括丹尼尔的父亲在内,便立即注意到其中蕴含的丰富可能性了。

布伦丹阐述道:

> 从心理学上,我觉得这是对的,他说。我怀疑,特勒马科斯其实希望门特斯或门托尔是自己的父亲,反正只要不是奥德修斯,谁都行。对他来说,也许父亲这个意象比实体更可取。①

特勒马科斯比较难想象父亲奥德修斯的形象,他离开家时自己年纪太小,无从理解对方的存在,如今自己的精神上却亟须得到一位父

---

① 《与父亲的奥德赛》,[美]丹尼尔·门德尔松著,卓雨译,上海人民出版社,2022年,第108~109页。

亲的指导。或许这才是特勒马科斯出发时的心境。

对一个从没见过父亲的男孩来说，哪种情况更愁人呢？是在没有父亲的状态下度过一生，还是二十来岁时才见上第一面，不得不开始了解他？

进一步地，在出发之前，有没有可能，潜意识里特勒马科斯更希望奥德修斯死了？

布伦丹讲完自己的观点，丹尼尔沉默了，他坦承自己也从未考虑过这点，学生的发现似乎也击中了他自己的心曲。问题被抛了出来，听课的父亲也变得严肃，这些情节和描写似乎映照了他与儿子间的某些隔阂。他有些不耐烦，乃至于想转变话题，以避免更深入的探讨会呈现出对他们父子关系的评判意味。

荷马不是在说一段遥远的神话，而是在描述一种普遍的、平常的父子情感。每个人都能从这部内涵丰富的经典文本当中，发现独特视角下别人未曾看到的东西。这也更符合阅读的原旨，它会增加我们与作者的亲密性，不需要借助任何第三者的强悍话语干涉。

丹尼尔的课上，另一位学生带来了一段针对荷马写作法的更精彩的评价。她提醒其他同学，注意阿伽门农归家的悲剧与奥德修斯之旅间的互文性。

阿伽门农兴冲冲回家，被怀恨在心的妻子克吕泰墨涅斯特拉设圈套杀害。英雄们离家多年，回家已经是很危险的事。很可能妻子已经出轨，竞争者已经占据了自己的家资，英雄们无备而来，可能会让自己丢掉性命。毕竟，谁也不能保证同样的悲剧就不会发生在奥德修斯身上。奥德修斯或许也考虑到了这一点。

这位同学的精彩发言赢得了丹尼尔的赞许，也使人联系到了荷马的另一处处理：阿伽门农的遭遇是由其兄弟墨涅拉奥斯讲给特勒马科斯听的。当时特勒马科斯出门寻找父亲的行踪，先去拜访了参加过特洛伊战争的墨涅拉奥斯，也就是海伦的丈夫。墨涅拉奥斯的讲述想必给第一次面对现实凶险的特勒马科斯留下了心理阴影，让他第一次意识到父亲的危险处境。

不过积极地看，这种潜在风险或许也会使家人团结一致，共御外侮。后面的故事进程也正是如此。奥德修斯能清理恶客，夺回一切，与妻子、儿子的助攻不可分割。他比阿伽门农的结局好太多，不光因为他更足智多谋，也因为家庭因素对他更有利。

奥德修斯这个人物从刻板印象当中走出来，越发清晰，他之所以成长为他，是一连串的客观现实与主观能动的碰撞，拥有独属于自己人格的必然性。

在文学作品的阅读中，情感和经验，永远是不可偏废的双极。很多人把文学作品看成死的东西，或者某个学科内部划定的"私人领地"，外人无权置喙。这是一种极大的偏见。文学是一种公共资源，任何人都有权利从这口井里汲水。孔子云，诗可以兴、观、群、怨。就文学作品的阅读而言，对风俗及人物的考察，由此及彼的联想，与其他读者的感想交流，都是很正常且必要的阅读方式。

最好的情况下，我们可以从学者们的文学史论述中搜索到很客观中肯的介绍，但情感这种读者与文本的连接却是不可替代的。历史研究要求论从史出，对有效益的文学史沉淀而言，却永远不可能忽视你自己的感受。如果你打算享受其中，就该明白重要的不是标准答案，而是你如何调动个人的情感与理性，产生自己的所得。

要更好地调动这种情感，除了自己的阅读所得外，也应注意到其他读者的存在，即大目标之下的博通。把掌握的知识，在读的文本，其他读者的反馈，和现实的经验广泛联系起来，凭此触达更深度的精读。

随着交叉性专题阅读的深入，获得的知识也在叠加，便可以更稳妥地在自己的私人文学史中，为作家安放一个恰当的位置了。

如果说，前番论述已经使我们注意到个人主观能动的重要性，接下来便会产生另外一个问题：我们与作者分属不同时代，观念与风潮各个不同，其间所产生的偏差，是否会导致我们一厢情愿的误读呢？

实际上这当然是不可避免的，有时可能还会诱发一些显著的障碍。

比如2000年前后，琼瑶剧大火，《还珠格格》和《情深深雨濛濛》等故事赚取了很多观众的泪水。但今天的观众如果回头去看这些剧，可能会感到尴尬，觉得台词似乎太过火了，某些地方甚至有点"三观不正"。

这就是时代风貌变化，导致读者对作品的接受发生了刻度偏移。

狄更斯的小说《荒凉山庄》，使用了一种非常大胆的双叙事结构。一部分采用全知视角，另一部分则是主人公埃斯特的第一人称叙述。就当时来说，狄更斯的这种结构革新，给他深度刻画人物精神世界带来很大便利。

我们都知道，第一人称叙述很便于挖掘心灵深度，不过它也带来了一定程度的理解困难。我们不是主人公/叙述者，我们有着不同的价值观念，而埃斯特的自述是建立在她个人的成长价值观之上的，许多在当时习以为常的观念和风俗，对今天的读者而言却并不那么理所当然。

比如埃斯特经常有莫名其妙的一种羞耻感——原罪感，因为她是私生女。这个身份在维多利亚时代的意味，与当下的非婚生子女差别甚大。由于当下的道德观念相对狄更斯那个时代已经大为不同，《荒凉山庄》里人物的行动逻辑，在今天看来就没那么合理。读者将之归罪于个体性格的问题，实际上很可能出乎时代风俗。

再比如，莎士比亚的名作《李尔王》里，塑造了一个非常好的角色埃德蒙。埃德蒙是格洛斯特伯爵的私生子，为求社会进身，他坑陷兄长，使其遭到父亲流放，又导致父亲格洛斯特伯爵双目被挖。埃德蒙做出这一切行动的最初动因，即由于他的私生子身份，使他无法继承父亲的财产爵位，又因此滋生出对立于现世法律的破坏热情。

埃德蒙说，自然才是他的女神，而和自然对立的世俗法律却无法使他听命。这种独特的道德观，使他心安理得地做出许多与世相违的举动。读者如想深入理解这个人物，即必须要先了解作为背景的观念风俗。

基于此，或许我们能得出又一个结论：运用自己的情感，去对故事文本发生的共情，并不总是准确，有时会因时过境迁，观念流变，发生变易。我们需要校正情感刻度，才能更好地理解作者在特定环境之下的言说。这也是我们需要补充背景知识的另一种客观理由。

孟子很注意读书过程里的知人论世，读某人的作品，就得了解他所处的时代和他这个人。这个观点放在今天同样成立。可以说，想精读一部作品，一定要能从"史"的角度去把握它。

当然，我们不能指望在阅读任何一部文学经典前，总有一部知趣的论著恰巧出现在面前，准确地回答我们所有的疑问。实际上，大部分情况下，你都需要花费大量时间自己去寻找答案，更要通过积极的思考，自己得出结论。你的结论很可能是从别人那里得到启发，但是又跟任何人的观点都不一样，是很私人化的。可能这也是阅读不可剥夺的乐趣之一吧。

此外，在文学创作方面，由于文本之间也存在着显明的承继性，建立文学史知识系统，也能使我们对创作层面有更深理解。

小说读多了，很容易就能自己看出关联性，而无需借助于学者的意见指导。一个读者如果只专注于阅读武侠小说，他可能只会感知到金庸、梁羽生、古龙武侠世界的异同。而对大仲马小说、西方戏剧、日本推理小说有更多了解后，他就能察觉背后更大的图景，以及各家写作法的渊薮所在。

不光通俗与经典之间存在这种学习互动关系，经典文本本身的发育也会很明显地表现出类似的承继性。

比如《奥德赛》的读者打开维吉尔的《埃涅阿斯纪》，会发现后者在故事线的排布上几乎原样复制《奥德赛》。埃涅阿斯的使命终点会使人想起奥德修斯的伊萨卡，狄多女王相当于滞留奥德修斯的仙女卡吕普索，并且两位英雄的奇妙旅途中都经过了一段神奇的游地府阶段。

而看过《埃涅阿斯纪》的读者在翻开《神曲》的时候，就会对陪伴但丁的向导维吉尔，有更深刻的认知。

但丁的旅程极富象征性，人物都以其平生作为最终命运定格，比如荷马为什么是诗人当中的领袖，某些但丁同时代的人为什么会出现在地狱当中的第几层等。读者只有充分了解《神曲》里的人物经历和但丁当时的政治生态，才谈得上对《神曲》的阅读。

优秀学者和作家，都很注意修炼自己的"私人文学史"，并且各个不同。

如果你是从读托尔斯泰开始自己的阅读生涯的，一定要留心作者对于自己与荷马关系的认知。托尔斯泰曾自比荷马，并认为这是一种很高的荣誉。另一方面，他却对莎士比亚深恶痛绝，认为这位最伟大的戏剧家实属浪得虚名。

而当你翻开当代最杰出的学者之一哈罗德·布鲁姆所著的《西方正典》时，又会发现莎士比亚的地位，在此公心目中如此之重要，以至于不光莎士比亚本人值得大书特书，其前其后诸多名家的创作心迹，也总是被他与莎士比亚关联起来。

一段惯常的布鲁姆式叙述，可能是这样的：

> （谈论但丁）他的启示更新颖更广为人知，因为它十分成功；西方文学中除了鼎盛之际的莎士比亚，还没有任何作品表达得如此完美。
>
> （谈论莫里哀）莫里哀认为他的事业就是去娱乐体面人，是一件不寻常的工作，而莎士比亚由于意识最为博大，因此可能不会这样认为。
>
> （谈论蒙田）他的视野和范围有时接近于莎士比亚的广

博,尽管他不认识莎士比亚而莎氏对他却略知一二,但不妨把他看作所有莎剧人物最大的参照系,而且远比哈姆莱特这一探求着的自我更为博大。

(谈论华兹华斯)在还算成功的莎士比亚式戏剧《边缘人》中,华兹华斯奇怪地让剧中的伊阿古式人物奥斯瓦尔德说出了他所有早期诗作的信条。奥斯瓦尔德在对剧中奥赛罗般轻信受骗的主人公说出这段话时,以一种莎士比亚可能也会欣然采用的詹姆斯伊始时代的爆发力,超出了当时的情境、整部剧作以及他自己的想象……

(谈论托尔斯泰)他对《李尔王》有特别的怨气,虽然他在晚年不自觉地扮演了李尔的角色,决绝地逃离家园投入漂泊者的自由之路。

(谈论弗洛伊德)多年来我一直坚持认为,弗洛伊德实质上就是散文化了的莎士比亚,因为弗洛伊德对于人类心理的洞察源于他对莎剧并非完全无意识的研读。[1]

莎士比亚这个,莎士比亚那个,莎士比亚,莎士比亚!

布鲁姆认为莎士比亚就是西方文学的核心人物,消解莎氏即意味着消解西方经典。反过来讲,避免文学知识图谱被污染的办法就是高倡这个经典的核心。

---

[1] 《西方正典》,[美]哈罗德·布鲁姆著,江宁康译,译林出版社,2011年,分别见第65页、第116页、第198页、第273页、第305页。

西方文学诸家,是否果真如布鲁姆说的那样,与莎翁存在或远或近的关系,哪怕是修辞关系?这点或许是存疑的,不过这并不重要,我们无需把布鲁姆的文学史观当成客观知识接受,而应该汲取背后的真义:

普通读者所能习养出的文学史(不管你多努力追求所谓的"客观性"),只要是建立在对作品原典的深入阅读上,即一定也会同样沾染浓厚的私见气息。

这并非丑陋的事情。不要担心所谓的"私货",也不要羞于亮明观点。反而是不染偏好地对他人观点被动接受,才是可疑甚至可羞的。对信念的笃定以及坚持不渝的求证,是我们唯一可选的道路,专业学者构建自身观点时亦须从此路上经过。

如果你现在对某个作家有过分热情的偏爱,就应当围绕他展开广泛阅读,以求证这份偏爱的合理性。了解足够多的知识后,便总能给他找到一个合理的位置。

在布鲁姆的文学史描绘中,作家和作家之间,存在着相互较劲的心理张力。天才天然会不服另一个天才,而天才偏偏又最懂天才。所以当一个天才,在另外一个天才身上发现呼应于自己的特质时,他就会想办法克服前人。他们或者像但丁对维吉尔那样认其为导师、父亲,或者超越前者,完成所谓的"精神弑父"。

这个多少有点弗洛伊德气息的观点,就是所谓"影响的焦虑",也是布鲁姆最重要的原创文学理论之一。这个挺有解释力的理论,正是建立在布鲁姆那看起来私人气息浓厚的文学史观上。而这个理论甚至也可以解释中国古代文学史上的很多现象。

欧阳修的《卖油翁》塑造了一个卖油的老头。老头看见康肃公陈尧咨颇以箭术高明而自矜,就过去给他上了一课。他把一个葫芦放在地上,用一枚铜钱盖住葫芦口,然后拿着油杓往里灌油,油从钱孔注入而钱不湿。表演完这手绝活,卖油翁说,我也没什么了不起,不过是练熟了而已。

中学语文课本上选取的段落到这里就结束了,而欧阳修原文在结尾处还总结了一句话:"此与庄生所谓解牛、斫轮者何异?"我所讲述的这位卖油翁的故事,和庄子所说的庖丁、斫轮者,不是一回事吗?

欧阳修不光是拿自己创作的人物比附庄子创作的人物,也是拿作品比附作品。潜台词就是:各位行家里手,我塑造的这个卖油翁,跟庄生写出的那些精妙人物,不是一回事吗?

欧阳修未必真的见过这么一位技艺精湛的卖油翁,陈尧也不一定有过这么一段逸事。作者创作的本源来自庄子那里,是庖丁、斫轮者的故事吸引他,令他技痒,有感而发,由此及彼,所以又创作了这一个故事。

由此我们看到了一种文学的传承。这种传承不光有学习借鉴,更有对先行者的挑战与克服。

如果我们也读过《庄子》,读过欧阳修提到的两个故事,再回到欧阳修的作品里,能看到的东西或许就不只是"做人要谦虚"之类的简单说教。技法的传承背后还有思想资源的嬗变,它们描绘的是一种更加形而上的事物:技近于道。

匠人在长期的技艺修炼与精神专注之后,领悟到了"道"的存在，后者超乎具体的技艺，而具有普遍性。所以康肃公看完卖油翁的表演才会"笑而遣之"，这不是缓解尴尬，而是行家遇见异业的行家。大家都达到一种很高的境界，升起了基于对另一高手的理解之同情。就像文惠君听完庖丁的讲述后，会感叹自己习得养生之术一样。我们总是讲，触类旁通，说的就是这么一种状态。

欧阳修这篇文章就是他对前人的一种致意，一种传承。我们在很小的时候就学过这篇文章，完成了基本的文字训诂，但如果对《庄子》也熟谙于心，对这篇文章的理解也会更深刻，更接近欧阳修的"言外之意"。

读到这里可能有人就会问了，欧阳修学的是庄子，那庄子再往前呢？有没有谁，或者哪本书，对庄子的创作产生重大影响，可以说庄子的写作法就是从他那里继承过来的呢？

章学诚有个观点是这么说的：《易》之取象，《诗》之比兴，互为表里。比兴的手法长于讽喻，取象的方式善于寓言，二者结合起来，就是《庄子》的基本创作法。庄子同样也有对前人的克服和继承，他的前人就是《易》，是《诗》。

《易》是最早用取象也就是寓言的方式展开叙事的，庄子把这种方法用到了极致。所谓庖丁、斫轮者，以至于卖油翁，其人物不必实有，也正是这个意思，他们都只是作者比物取象的媒介罢了。

客观上活着、演变着的文学史，即如此发生着。布鲁姆的"影响的焦虑"理论，确实很好地解释了文学作品当中必然包含的模仿承继性与原创陌生性。

不过，这并不意味着其他读者仅仅因为布鲁姆是个重要学者，就要把他的判断全部当成客观的事实。更可能的情况也许是,《圣经》的作者和莎士比亚在布鲁姆个人的文学谱系里占据更重要的位置,因而影响了他对文学史脉络的整体把握。就像有的人喜欢读狄更斯,那么他会觉得周围充斥着狄更斯小说里的人物,或者一位武侠爱好者喜欢金庸,就会喜欢用金庸宇宙理解现实的规则一样。

"二十四史"里,前四史公认最优秀,它们的共同点就是有一个非常明确的、主导性的私人作者,也就是它们都是私修史。今天很多读者把这些历史当成权威讲述,但实际上它们闪耀着显明的个人特点,包含大量"私货",正是某种清晰的私人的史观的表现。

文学史也是一个道理。那些好作品,往往个人色彩浓烈,好恶显明,比如夏志清的《中国现代小说史》。它的"私人性"得到极大程度的展现,读者能察觉到论者的品味审美,以及对文本的熟悉度。俄国文学方面的文学史类作品里,米尔斯基的《俄国文学史》就要比纳博科夫的《文学讲稿》好。后者花费大量篇幅交代创作背景、故事梗概,米尔斯基则更多更系统地阐述他对作品的整体把控与思考。换句话说,就是"私货"更多,更加具有个人风格。

我们在阅读此类作品时,也应时刻提醒自己注意作品的个人性。即无论什么样的权威之作,它也依然是某种对文学史的私人看法,看了足够多的"私货",才能便利于我们对其中客观性的把握。

理解这点,不光能缓解我们对知识匮乏的担忧,也足以使我们在自己的阅读原典的过程中保持独立性。它甚至能帮我们扩大视野,以全新的眼光看待"作者已死"之后广泛的新生事物。

如果阅读理论书籍会对你造成困扰,你甚至可以暂时放手,到文本原典当中自己寻找脉络。这是最后一步，但也不妨在第一步的时候就开始同步。也就是说，在读完一部作品后，由点及面，探寻此前此后的发展脉络。

# 第四章
## 跟作者掰手腕

了解成法，即帮助我们留意读和写之间，应当着意揣摩、反复练习的地方，从而提升我们阅读的收益。

文本细读是一种刻意的训练方式，其对审美能力的提升效果拔群。特别是对于信息密度较大的文本，文本细读能帮我们从忽略掉的细节里爬梳出许多关键内容。

面对经典作品时，读者的真实身份不是被动的接受者，而是侦探，是积极的参与者，是跟作者掰手腕的人。早一天适应这样的角色，就能早一天节省被浪费的大量时间，让书本中的知识更高效地为我所用。

我们以奥康纳的小说《上升的一切必将汇合》里的一个段落为例，看看要如何适应文本细读的节奏和"侦探"这个全新身份。

> 医生告诉朱利安的妈妈，因为血压的缘故她必须减掉二十磅，所以每个礼拜三的晚上，朱利安只好陪她坐公交车去市中心，在Y处上一门减肥课。减肥课程是为年过五旬、体重在一百六十磅到两百磅的劳动妇女设计的。他妈妈在其中算苗条的，不过她说淑女不和别人谈年龄、体重。自从没有种族隔离以后，她晚上不再独自坐公交车，然而减肥课是

她仅有的几个乐趣之一,对她的健康又十分必须,再说还免费,她说朱利安要是想想她为他所做的一切,他至少是可以抽空接送她的。朱利安并不喜欢想她为他做的一切,不过每个礼拜三晚上他都会打起精神接送她。①

首先,你不用考虑它讲了个什么故事,也不用挖掘所谓"背后藏着大量隐喻",就仔细阅读每一句话,然后想想,自己能从这段话里读出哪些重要信息?

先静下来慢慢想。

然后咱们一句一句地拆解。

医生告诉朱利安的妈妈,因为血压的缘故她必须减掉二十磅,所以每个礼拜三的晚上,朱利安只好陪她坐公交车去市中心,在Y处上一门减肥课。

这句话里出现了三个人物:医生,朱利安,朱利安的母亲。我们可以推断,朱利安的母亲是个超重的女性,而且超重已经影响到她的健康,使她处于高血压的困扰当中了。她生活中至少有一个部分是循规蹈矩的(每周三在Y处上减肥课),需要坐公交车过去。

有没有什么漏掉的重要信息呢?

---

① 《上升的一切必将汇合》,[美]弗兰纳里·奥康纳著,张小意译,人民文学出版社,2016年,第129页。

仔细看的话，我们发现这位母亲不是以自己的身份出现的，而是作为"朱利安的母亲"出现，这就大不同了。"医生告诉老张"和"医生告诉小张的父亲"，虽然都是讲同一个人，但传达的情绪却完全不同。

继续往下读。

> 减肥课程是为年过五旬、体重在一百六十磅到两百磅的劳动妇女设计的。他妈妈在其中算苗条的，不过她说淑女不和别人谈年龄、体重。

作者没直接说母亲的情况，但通过介绍课程，我们也可以得出判断：朱利安的母亲体重在一百六十磅以上，年纪大约是刚过五旬。根据这些信息，我们甚至可以大概揣测出朱利安的年龄。再联系到前一句说周三晚上他要接送母亲到市中心，周三并不是休息日，那么朱利安的工作情况大概是什么样的？对于接送母亲这个任务，他是欣然从之，还是比较反感？

这段话还有两个地方要注意，一是"劳动妇女"，点出阶级属性。也许这一点，在朱利安的母亲眼中有些重要。再结合后面的"她说淑女不和别人谈年龄、体重"，在母亲眼里，自己是"淑女"，这是第二个值得注意的地方。至少在母亲眼里，他们是来自有教养的阶层，到这个"劳动妇女"减肥的场所活动，她可能多少有点自以为纡尊降贵，并希望和其他人保持距离感。

并且，她的"教养"里面，包括了"不和别人谈论年龄、体重"

这条，是不是会有一些可笑又令人同情的自私在里面呢？即是说，她是否希望，自己和别人，能够忽略她"年过五旬、体重超一百六十磅"这个事实，而认为她是来自较高社会阶层的"淑女"呢？

再往下读。

*自从没有种族隔离以后，她晚上不再独自坐公交车。*

"种族隔离"，说明了什么？也许聪明的你能够猜到，这个地方有比较浓厚的种族歧视氛围。那现在我们再补充一点前置知识：小说作者奥康纳，是一位非常重要的美国南方作家。熟悉历史的读者知道，美国南方这个概念，也许会和"蓄奴"或"观念保守的白人"等词汇相关。具体到朱利安母亲这里，从这句话里似乎可以看出，她是很不赞成取消种族隔离的。也许这冲击了她对于自身社会地位的假想，也许这对她的三观构成了冒犯，也许这侵犯了她的既得利益。

然而她过去坐公交车，现在依然坐公交车。为了弥合教养、信念和生活的差距，为了保持某种优越感，当然你也尽可推测她是出于人身安全而把黑人统统假想为某类犯罪分子，总而言之，朱利安的母亲，做出了一种可笑的折中妥协：不再**独自**坐公交车。

我们继续。

*然而减肥课是她仅有的几个乐趣之一，对她的健康又十分必须，再说还免费。*

这一个递进，如果不是出于刻薄，就是在描述一种非常苍白的现实：朱利安母亲的生活是比较单调乏味的，以至于减肥课也是她仅有的几个乐趣之一。后面"对健康十分必须"和"再说还免费"，更是在暗示动机，好像对于这位母亲来说，不占这个便宜就有点吃亏一样。

> 她说朱利安要是想想她为他所做的一切，他至少是可以抽空接送她的。

这句说明了什么？母亲也许曾为朱利安付出很多，也许没有，但她显然很在意自己的奉献，并希望儿子有所回报。并且——很有可能，这位母亲在生活里就经常通过亲情绑架的方式，令儿子就范。

> 朱利安并不喜欢想她为他做的一切，不过每个礼拜三晚上他都会打起精神接送她。

一种刻毒的幽默感。朱利安并不喜欢自己的母亲，他也许对生活也不怎么能提起兴致。对母亲的吩咐，他会照做，但并不是出于任何亲情的考量，而很可能是因为麻木，或者是为了堵住母亲的嘴。

大体来说，他不像母亲一样，那么在意"接送母亲"这件事情，他只是遵命照做罢了。

好了，这只是针对一个非常简单的开头，所做的挂一漏万的分析。将以上侦探出来的线索汇聚起来，你会发现经典文本的叙事密度非常之大。

如果你掌握更丰富的知识，比如说人物原型、生活观念、叙述视角、美国南方的历史、种族矛盾等，就能在更广阔的讨论视角里还原这个问题。

我第一次领略文本细读的乐趣，是阅读金圣叹点评的《西厢记》。

金圣叹是清代很有名的文论家。对这一位，大家熟知的典故，除了其点评、腰斩《水浒传》外，可能还有那句"花生米与豆腐同嚼有火腿滋味"的临终遗言。

实际上金圣叹不光点评了《水浒传》。他认为有六部书代表中国古典文学的最高成就，并将其总称为"六才子书"。这六部书分别是：《庄子》《离骚》《史记》《杜工部集》《水浒传》和《西厢记》。金圣叹发愿评批这六部书，以供后来者学习写文。可惜他中途遇害，只完成了《史记》《水浒传》《西厢记》的点评，《杜工部集》点评了一部分，《庄子》和《离骚》则压根没来得及开始。

其中《西厢记》讲的是崔莺莺和张生的爱情故事，在中国很出名。最早是唐朝的大诗人、和白居易并称"元白"的那位文学家元稹，写过一篇很有名的唐传奇《会真记》，讲的就是这段故事。元代的王实甫把它改编成杂剧，叫《崔莺莺待月西厢记》。

读《西厢记》对古人而言是很有乐趣的。除了作品本身质量过硬以外，因其笔涉情爱，有违礼教，成了禁书，反而更刺激。有句话叫大雪封门读禁书，很有意境。今天没有这些封建礼教了，我们不用像贾宝玉、林黛玉那样偷着看，更不用像薛宝钗那样看过了还假装没看过,不过紧张感也就没有了。今天各种爱情故事或情爱故事唾手可得,要是想看,大可去找小说电影,《西厢记》作为爱情故事从中脱颖而出,其实是蛮困难的。

就算要读诗词歌赋,杂剧也不是首选。对今天的读者来说,杂剧的文字还是很艰涩的。属于是那种,若是必读课业尚可完成,作为消遣读物却一定不想看的类型。哪怕是对戏剧作品感兴趣,也还有莎士比亚、易卜生,读起来也都比这个轻省多了,故事还更曲折。所以一开始我对《西厢记》几乎没有期待。

但金圣叹的这个评本,为什么又能打动我呢?

因为他的点评,帮我厘清了作者的每一个字词、每一段构设的用意、审美旨趣。通过他的点评,我很直观地看到了所谓作文的"成法",即历代作者之间承袭的一些基本的写作规则,一些使行文跌宕好看的基本范式。

崔莺莺是这个故事的第一主角。今天咱们看很多网文或者流行读物,主角一般都是开篇就登场,但《西厢记》不是。作者开篇先是借崔母之口,交代故事背景、前情缘由。随后崔母和女儿丫鬟下台,张生登场,接下来就完全是张生的个人秀了。书里交代他姓甚名谁,为何到此,并在寺里和尚法聪的带领下,赏玩寺院风景。

写莺莺的故事,张生先登场。金圣叹评说,这种创作布局是有缘由的,乃是一种有传承的笔法,唤作"烘云托月":

> 欲画月也,月不可画,因而画云。画云者,意不在于云也;意不在于云者,意固在于月也。然而意必在于云焉,于

> 云略失则重，或略失则轻，是云病也。云病，即月病也。于云轻重均停矣，或微不慎，渍少痕，如微尘焉，是云病也。云病，即月病也。于云轻重均停，又无纤痕，渍如微尘，望之如有，揽之如无，即之如去，吹之如荡，斯云妙矣。云妙而明日观者沓至，咸曰："良哉月与！"①

想画月亮，月亮不可画，所以要画云。虽然画了云，用意却不在云这里，而是用云来烘托月。云画得好不好，会直接影响月的呈现效果。你把云画得特别成功，观者都会赞叹：这月亮真好啊！

王实甫的故事要写莺莺。莺莺才貌性情，世上少有，金贵得很，也是观者最大的期待。但是你不能上来就写她，要先从别处下手，把观众胃口吊起来。这个"别处"，就是塑造张生的火候，张生就是莺莺的那块云彩。这人物火候不到，或过火，便是"云病，即月病也"。

你只有先把这个人物写好，张生立起来了，读者才会想，张生这么优秀，眼界那么高，他看见莺莺都目瞪口呆，那莺莺得是什么神仙？如此一来，大家闺秀才是真正的大家闺秀，难得的姻缘才是真正难得。

这个写法，就叫烘云托月。就像李安说，创作讲究"闷骚"。"闷"到火候，才能"骚"得起来。

---

① 《贯华堂第六才子书西厢记》，（清）金圣叹著，周锡山编校，万卷出版公司，2009年，第49~50页。

张生匆匆一瞥见过莺莺后，辗转反侧，爱慕难舍。他想了个办法，既然不能直接见莺莺，就找莺莺的贴身侍女红娘去套磁，于是便引出了下面这段对话（加粗为金批）：

（红出）（张生应揖云）小娘子拜揖！（红云）先生万福！（张生云）小娘子，莫非莺莺小姐的侍妾红娘乎？（红云）我便是，何劳动问？（张生云）小生有句话，敢说吗？（红云）言出如箭，不可乱发；一入人耳，有力难拔。有话，但说不妨！（张生云）小生姓张，名珙，字君瑞，本贯洛西人士，年方二十三岁，正月十七日子时建生，并不曾娶妻。**千载奇文！**（红云）谁问你来！我又不是算命先生，要你那生年月日何用？**千载奇文！**（张生云）再问红娘，小姐常出来么？（红怒云）出来便怎么？**妙！**先生是读书君子，道不得个非礼勿言，非礼勿动。俺老夫人治家严肃，凛若冰霜。即三尺童子，非奉呼唤，不改辄入中堂。先生绝无瓜葛，休得如此！早是妾前，可以容恕；若夫人知道，岂便干休！今后当问的便问，不当问的，休得胡问！（红娘下）[1]

张生红娘这段对话，峰回路转，层层递进，写得属实精彩。

---

[1]《贯华堂第六才子书》，（清）金圣叹著，周锡山编校，万卷出版公司，2009年，第70页。

两人见面，一个拜揖，一个万福。

你是红娘吗？我是。

注意张生问话，你是**莺莺小姐**的侍妾红娘吗？招呼的是红娘，问的是小姐。其心切切，全在"莺莺"这里。

机敏如红娘，当时就明白七八分。她是怎么回的？这次就不是你问我答，一来一回了。红娘的反应是，把问题甩回去，创造主动权：我便是，何劳动问？是我啊没错，你问这个干什么？很有担当，还有点泼辣的意思。

这一下，倒是把张生给镇住了，他下一句便没了底气：小生有句话，敢说吗？我这里有一句话，想说，又不敢说。商商量量，心中有鬼。是你先主动搭讪，别人接了话茬，你倒是又要跟别人商量了。就用这八个字，张生刻画得跃然纸上。

红娘察觉到几分不对头，赶紧堵嘴，言出如箭，不可乱发，你最好是想仔细喽。光这不算结束，堵完嘴，再补一刀：有话，但说不妨。我怕你来哉？

张生还沉浸在自己的白日梦里，既见松口，既喜且慌，嘴一秃噜，开始报身份证号：小生姓张，名珙，字君瑞，本贯洛西人士，年方二十三岁，正月十七日子时建生，并不曾娶妻。

金圣叹批：千载奇文！

这个"弹幕"，提醒那些没觉出好的读者，去把文字从头读过。说一句姓张名珙字君瑞，家住哪今年多大，怎么就"千载奇文"了？

陌生人报姓名籍贯，倒算正常；说自己今年多大了，也还能接受；哪天生日，多少有点怪怪的；至于交代婚姻状况，十足的怪胎！

不光红娘要奇，旁边人看着也是有点发癫了。什么时候要交代这些信息？说媒相亲的时候才需要呢！张生一瞥莺莺后起的心思，全在这一秃噜里爆发出来了。既不合时宜，又极端合适，亏他王实甫能想出来！

你张生不尴尬，那尴尬的就只能是红娘了。但红娘脑子更快，说我又不是算命先生，要你那生年月日何用！

金圣叹批：千古奇文！

这一回，前面还没来得及觉出好的读者，怕是也要喷饭了。可不是吗，除了相亲，还有什么地方要生辰八字？那只能是卦摊儿上了。红娘故意指此言彼，揣着明白装糊涂，抢白对方，让张生自己回味，这是把他当个傻子涮着玩儿呢！

两个人物，语言风格完全不同，而且是互相衬着写，张生的呆萌和红娘的泼辣，相映成趣。王实甫一笔多用，两个人物全立起来了。

《西厢记》写张生、莺莺二人相见，也很有意思。莺莺是大家闺秀，大门不出，二门不迈，原不应该有相见的机会。但如不相见，也就没有下文了。怎么既刻画出她的端庄，又使相见不显得突兀，这也是需要构思的。

王实甫并未写张生一开始便有意寻花问柳，或两人寺里见面就互相搭话。他先写的是张生跟着和尚法聪，随喜游览寺中景色。这不是走过场的铺垫，而是张生专心游景，玩得很开心：

> 随喜了上方佛殿，又来到下方僧院。厨房近西，法堂北，钟楼前面。游洞房，登宝塔，将回廊绕遍。我数毕罗

汉，参过菩萨，拜罢圣贤。①

游兴尽酣，该各回各家了。看似文势已尽，偏偏曲曲折折，峰回路转，到这里，才引正题儿出来："蓦然，见五百年风流业冤。"五百年的风流债，现在要开场。读者到达期望的谷底，开始放松之时，冷不防，正题儿到了。

对这种巧构，金圣叹告诉读者，并不是王实甫这个天才凭空想出来的妙手，这是承袭古人、有脉络可循的写作法：

> 凡用佛殿、僧院、厨房、法堂、钟楼、洞房、宝塔、回廊，无数字，都是虚字；又用罗汉、菩萨、圣贤无数字，又都是虚字。相其眼觑何处，手写何处，盖《左传》每用此法。我于《左传》中说，子弟皆谓理之当然。今试看传奇亦必用此法，可见临文无法，便成狗嗥，而法莫备于《左传》。②

前面写的那些，佛殿啊，僧院啊，法堂啊，应接不暇的，其实都只是笔端描摹的虚画。真正的用意，是落在作者眼觑的地方，也就是两人的邂逅。

---

① 《贯华堂第六才子书西厢记》，（清）金圣叹著，周锡山编校，万卷出版公司，2009年，第54~55页。
② 《贯华堂第六才子书西厢记》，（清）金圣叹著，周锡山编校，万卷出版公司，2009年，第55页。

作为读者，要看他笔端的描摹落到哪里，心里想的重心所在又是哪里。对有章法技巧的好作品来说，这两者并不总是同步的，反而经常要用其不同步，构建起叙事的曲折。所谓项庄舞剑，意在沛公，使人初料不到，回看又顺理成章，恍然大悟。

金圣叹说，这是《左传》的写作法。自《左传》以降，作者们就已经开始这么写了。

后来我知道，金圣叹的说法也不是由他首创的，而是古代读书人的一种普遍认识。中国文学的大宗是史传文学，在文史未分家之前，叙述文字的"定法"，就已经出现。一件事情要如何讲，详略总分如何分布，由谁来讲，都有定法。

对此，章学诚有一段更深刻的认识：

> 三代以上，记注有成法，而撰述无定名；三代以下，撰述有定名，而记注无成法。夫记注无成法，则取材也难；撰述有定名，则成书也易。成书易，则文胜质矣。取材难，则伪乱真矣。伪乱真而文胜质，史学不亡而亡矣。①

章学诚论述了由史到文的转变。古人把夏商周合称三代，三代经常是读书人寄寓美好理想的盛世。章学诚说，在三代以上，记录历史有固定成法，按照成法写成的文字，就是不具名的史料。三代以

---

① 《文史通义校注·书教上》，（清）章学诚著，叶瑛校注，中华书局，2014年，第36页。

后，则是由史笔出众的具名人员，将这些史料勒定删成，而有撰述之私史。

成法保证了记录的取材范围、史学旨趣，是质胜文；有定名的撰述，把取材范围打破，且有更大的私人发挥空间。而前人的写法，会被承继下来，用以编排更广泛的素材。因此，就会出现文胜质的景象。章学诚立足于史，对这种不可扭转的现象持以悲观态度，说如此一来，史学"不亡而亡"。

但如果从文学立场出发看这个问题，则说明很多成法的东西被作文者吸收到自身的创作里，其取材范围乃至于文学的类型，也得到了解放。

文史分家后，"文"的这部分，自由跳脱，任意驰骋，在器局营构和具体的修辞上，又保留并优化着写作的法式，即构成金圣叹说的临文之法。举凡《三国》《水浒》，写法无不宗《史记》《左传》。

可以说，没有任何一部优秀作品，是作者完全靠自己的脑洞才思完成的，其间有基本功，有前人留下的章法，有基本的写作理路。没有这些，单靠一股创意的灵气儿，也是难成佳作。

我们再看一下《红楼梦》里刘姥姥进大观园的段落。上文的烘云托月以及《左传》笔法，在写这一段时其实都用到了，大家是否能辨别出来，能否觉察到曹雪芹是"眼觑何处，手写何处"呢？

刘姥姥由周瑞家的引路，到贾府打秋风。凤姐管事，事情自是在她那里了结。但刘姥姥并非上来就奔着王熙凤去的，她以为管事的是王夫人。等她费了好大力气进到贾府，也不是立时就认对了凤姐，而是先把平儿错认作王熙凤。

举凡周瑞家的、平儿、王夫人,岂非都是为写凤姐而描抹的托月之云?

文路行进至此,刘姥姥得到赏钱,原本即可告扰,回家过日子去了。曹公偏偏再荡开一笔,补写蓉哥过来借东西,随后贾母邀请刘姥姥逛园子,这才是主菜,并为之后的情节推进埋下伏笔。

如此曲曲折折,煞是好看,用的不也正是《左传》笔法?

有的小说,往往作者写到哪里,故事就推进到哪里,文本缺少蕴藉的脉络,让读者随波逐流,被动托管。要记住金圣叹的提醒:临文无法,便成狗嗥。

回过头看,如果当时我拿到的是简单点校过的《西厢记》原文,没有金圣叹在要紧处提点,牵动注意,使我留神看应当停目回味的地方,大部分阅读乐趣都会丧失,文章精华被轻易放过,也枉负了作者一片文心。

金圣叹将文本重新分卷,每一卷前都有一个总评,或归纳创作能力,或考镜笔法源流,使读者在阅读文本的过程中把握文脉,遇到相似的文本时举一反三,在自己的写作实践中也能运用起来。

花团锦簇的文字,背后是扎实的技巧,这些技巧的使用,是有普遍性的。小可以具体到字词上,大可以宏观到布局上。这种阅读练习,对品鉴和写作能力的提升,也是不言而喻的。

在后来的阅读过程中,当其他经典文本使用类似笔法,我也就能第一时间发现,并比较优劣。

如《三国演义》写刘备访孔明。卧龙何许人,岂容你轻易碰上?不特刘备这样"欲伸大义于天下"的求贤者不能轻易碰上,对读者,罗贯中也需要吊足胃口，来一个匹配卧龙身份的精彩亮相。一访不到，二访不得，倒是把卧龙的交游圈子，影影绰绰勾勒出来，使人遥想，跟这些人交游的，得是何等人杰！自比管、乐，或许确实有真材实料吧？

到第三次求访时，才"草堂春睡足"。诗写得非常自在，确实是隐居的卧龙。外面风云变幻，他这儿压根没时间概念，刘备三兄弟跑了三趟，这会儿都等焦了他也不管，睡到自然醒，才悠悠然起床了。这岂不也是烘云托月的手法吗？写卧龙的大才人间少有，就得写英雄刘备的殷勤备至。写月亮怎么美好，功夫都在云彩上。

不光如此，我还发现，托尔斯泰的小说《安娜·卡列尼娜》在处理安娜的登场时，也采用了类似于烘云托月的方法。

作为传主，安娜到第一部第十七个章节才出现。这一节写的是安娜的哥哥奥勃隆斯基去火车站接她，奥勃隆斯基接到安娜后，安娜才和读者见面。那么这本书前面十六章在写什么？

写的是"奥勃隆斯基家里一切都乱了套"。

哥哥跟家庭女教师搞婚外情，嫂子发现了，跟他闹别扭。现在家里一整个失控状态。安娜作为救火队长——当然了，也是家庭美满生活幸福的典范——过来解决问题，劝解嫂嫂来了。

在多次精读这个故事后，我发现托翁这个开头的安排大有文章。看着是说故事，明线暗线里藏了不少东西。

比如说，托翁要写的安娜，是一个非常有活力、魅力四射的女人。这种魅力不光是貌美，更重要的是对生活的激情，周围的男人都很喜爱，而几乎是崇拜她。要把这种喜爱乃至崇拜的情感写出来，就要让读者也感同身受，被这个女人的魅力折服。

现在，托尔斯泰就面临了一个与王实甫相类似的问题：我要怎么写好这个女人，同时又不唐突这个女人？

托翁把笔先落到兄长家里，写兄长乱糟糟的婚姻状况。这便也是烘云托月了。

《安娜·卡列尼娜》开头第一句话非常出名，也非常经典：幸福的家庭大抵相似，不幸的家庭各个不同。相似了当然无话，各个不同，才能翻出花样，是入文学的好素材。

这句话不光由宏观到个案，顺利过渡到奥勃隆斯基的家庭矛盾中去，并且这个"幸福的相似"，也点了"安娜的家庭"一下。安娜的家庭算是幸福的，还是不幸福的？

那当然是幸福的，至少暂时是幸福的。她很漂亮，有热情，在社交圈里广受欢迎。她的丈夫身份高，对她好。她的孩子很可爱，她也很爱他们。地位、财富、尊严、亲情，要什么有什么。从经营家庭的角度讲，安娜是以成功人士出现在读者面前的。

这种成功，在她要解决的"兄长婚外情问题"的映衬下，尤其显得熠熠生辉。

烘云托月完毕，那幸福和不幸，有没有可能互相转化呢？

这或许是个问题。

如果你了解后面的故事，甚至会察觉到有那么点坏兆头在里头。果然，我们马上会看到，安娜将从相似，也就是熟视无睹的幸福当中，觉醒过来，在激情驱动下，奔向个人和家庭的悲剧。

尽管这里只字不提安娜，都是在说哥哥的事，但论述的命题却并非跟安娜毫不相关。所谓烘云托月，不是完全不写，而是一种不写之写的笔法。

接下来托翁详述了奥勃隆斯基家庭矛盾的缘由。整个事件可以说一点也不稀奇，丈夫出轨，和家庭女教师偷情，被妻子发现，起了矛盾。这种桥段，小说、戏剧、电影、电视剧里都再常见不过。但托翁当然不是一般的俗手，即便是老掉牙的桥段，他也能写出不一样的质感。比如这次出轨，矛盾高潮不是东窗事发，也不是事后丈夫抵赖，而是丈夫在认错时那种失礼的下意识举动：

"这是什么？这个？"她问道，指着便函。

回想到这儿，就像常有的那样，让斯捷潘·阿尔卡季奇难受的与其说是事件本身，不如说是他对妻子这些问话所做的回答。

那一刻他所遭遇的情形，就像人们突然被揭发了某种极其丢脸的事所遇到的情形一样。他没能准备出一副面孔，应付自己的过错被揭露后站在妻子面前这种处境。不是觉得屈辱、否认、辩白、请求原谅，甚至觉得无动于衷，这些都比他当时做的要好！他的脸完全是不由自主（就是"大脑的反射作用"，喜爱生理学的斯捷潘·阿尔卡季奇想到），完全不由自主地忽然露出那惯常的、善良的，从而也是愚蠢的微笑。[1]

---

[1] 《安娜·卡列尼娜》，[俄] 托尔斯泰著，于大卫译，天津人民出版社，2019年，第3页。

托尔斯泰写道，正是这个看起来善良的、愚蠢的微笑，使妻子多丽"打了一个寒颤"，彻底发作一通。矛盾无法调解，感情彻底破裂，家庭也乱作一团了。

那个搞砸一切的"善良的、愚蠢的微笑"，出现在这个场景里，显得极度不合时宜。甚至令多丽觉得丈夫冥顽不化，进而从根本上否定当初的眼光。奥勃隆斯基深感懊悔的，也正在于这里。致命问题非不忠诚，而是不称职。

然则这样的称职，归根结底，无非算是某种"人类礼数"罢了。比如打碎邻人花瓶时应该如何道歉，撞倒小朋友了应该如何安抚，背着妻子劈腿应该如何圆场，诸如此类。那是一种跟"体面"或"礼仪"相关的东西，奥勃隆斯基的反应，用他自己的话说则是"大脑的反射作用"。

因为这个不合礼仪的笑，在性质上非常严重的出轨也给彻底定性，没有挽回的余地了。至于出轨这件事情本身，反而不那么重要。奥勃隆斯基倒没说自己犯了男人都犯的错误，按他的意思，这是一种男人女人都会犯的错误。

读者发现，出轨的奥勃隆斯基，也并不是个"完美的坏人"，甚至大体来说是个好人。他只是性格快活，爱好享受而已。妻子是贤妻良母，但是并没有那么适合他。他有更多的活力需要宣泄，一味地压制对感官刺激和生理欲望的渴求，在托尔斯泰笔下仿佛也是不那么正确的事情。多丽在目睹出轨后的崩溃，也远比预想中为轻，否则后面也不会被安娜劝住了。

到奥勃隆斯基家里和好如初这里，叙事段落是结束了，但文势未尽。

奥勃隆斯基遭遇的是个普遍性问题,既发生在他家,也发生在别人家。现在通过他的家庭矛盾,把这个问题提出来了,安娜的说和,却远远算不上对问题的解决。因为奥勃隆斯基对自己的行为有一个评判:

> 是我的错,可我又没犯错。这就是整个悲剧所在。①

这个悲剧,究竟是什么?是奥勃隆斯基接受了婚姻的责任,又放任内心的激情破坏了这一神圣责任。至于这种激情,责任在他,却算不上犯错。那么问题就来了:奥勃隆斯基的家庭矛盾解决了,是安娜给排解的。可一奶同胞的妹妹安娜身上有着酷肖其兄,甚至更甚的激情,妹妹会不会也在某一天犯同样的错?

实际上,恰恰也是这种激情,构成了安娜的魅力。

平淡的生活暂时地冲淡了安娜身上的激情和她的青春感,但熄灭的余灰下面始终藏着未尽的星火。碰到某个机缘,这种"是我的错,可我又没犯错"的悲剧,就会在安娜身上重现,酿成更大后果,最后直以殒命结束。既然是一种没犯错的错,谁能避免悲剧的重演?

这就是托尔斯泰在安娜登场前营造的文势。

"文势"这个东西,乍看之下很难分辨,实际上却非常重要。特

---

① 《安娜·卡列尼娜》,[俄]托尔斯泰著,于大卫译,天津人民出版社,2019年,第3页。

别是在构思长篇时,叙事绵延,若存若续,而文势不可断。

前面所谓烘云托月,是就具体技法而言。如果从整体营构来讲,则是一种运用的融会贯通。写作者要能分清何者为云,何者为月,月云之间,如何互补共生,落笔之时,如何取长补短。

钱锺书有段讲融通的话,可为这里的烘云托月,作一注脚:

> 少陵以流水与不竞之心相融贯(注:即"水流心不竞,云在意俱迟")。然画家口号曰:"靠山不靠水";盖水本最难状,必杂山石为波浪,以鳞介作点缀,不足于水,假物得姿。[1]

画家要画水,水是难以状描的,画家便借水边的山石,刻画水势,如此不画水而自然有水。君子性非异也,善假于物也。

西方文论里有很多精彩见解都令我读《安娜·卡列尼娜》时大获裨益,而金圣叹的精读方法,则帮助我很有效地把握住安娜出场前的叙事段落,让我能够敏锐地注意到其与之后叙事单元间的有机联系,同时也为我理解托翁塑造人物的笔法提供很大启发。

他用来总结中国文学写作的那些"成法",用以审视世界文学范围内的文本,也经常起到触类旁通的效果。

毋宁说,致力于叙事、讲故事的艺术门类,在如何把事情说清、把故事讲好这件事上,确实是存在最优解的。而所谓成法,就是把其

---

[1] 《谈艺录》,钱锺书著,商务印书馆,2011年,第140页。

中的心法提炼了一下，上升为更普遍的理论而已。

了解成法，即帮助我们留意读和写之间，应当着意揣摩、反复练习的地方，从而提升我们阅读的收益。

如果说，伟大的作品是关于外部世界的某种认知图谱，那么读者和这张图谱发生关系、强化收益，靠的并非死读书，而是认知范式的工具更新。未更新工具前的劳动经常是事倍功半，有时几乎是徒劳的。毕竟，谁还没有对大部头望而生畏的经验呢？那种枯燥甚至会令你羞于承认自己"没有读懂"，而谎称纯粹是"没兴趣"，或者"没下功夫"而已。

而你需要做的就是换位思考，尝试从作者的角度思考问题。你还需要熟悉作家的武库，像金圣叹那样，熟悉作家们常用的"伎俩"。这些功夫也许会花费你一些时间，但是在更新工具后，你会同中见异，异中见同，为自己建立更高维的阅读视景。相信我，事后你会明白，为此花费的时间是绝对值得的。

## 第五章

## 如此生活三十年，直到『日常』崩塌

最后我们看到,这个不幸的家伙处于一种非常反讽的生存状态:他既繁忙地为生活奔波,同时又匪夷所思地压根没有生活。

文学是什么？很多人凭常识就知道，文学就是虚构。很有道理。但虚构不是虚假，不是虚幻。不光如此，它经常能以自己深入本质的真实，破除我们原有的幻觉。

张爱玲在《道路以目》里写过一个故事：抗战时期，有位上海女佣出门买菜，回来时，全城戒严了，这位女佣就被拦在了家门口几丈外。一边是她的日常生活，一边是抗日战争。她很着急，对士兵央求道："不早了呀，放我回去烧饭吧。"路人哈哈大笑。

满世界都在打仗，她操心的大事却无非回家烧饭。她以为这才叫生活，如果发生了别的事情，都是非常态。她所陷入的，就是那种日常性的幻觉。

日常性幻觉源自我们对生活经验的简单归纳，不准确，但是有效。重复的常态，搭建起认知的图景，重要而异常的细节则被视若无睹。我们所赖以求心安的世界观期待，实则处处隐藏着负面的、恐怖的、富有戏剧性的因素。皆因它们不合于日常环节，在发于细微时被习惯性忽略，最后又以突发事件的形态闯进生活。

但日积月累地忽略细节，也会导向某些后果，甚至可能很严重。

它可能会使我们对世界的认知,远远落后于现实。

就像抗日战争之于那位上海女佣一样。她但凡把灌注于日常幻觉的注意力,稍稍分出一点留给时局,就该清楚全城戒严这个事情,优先性要远远高于回家做饭。民族存亡,包括自己可能被炸死的风险,明明近在眼前,在她眼里却仿佛还是很遥远的东西,好像跟她没什么关系似的。

而文学,就常做此类破壁的活动。颠覆思维惯性,把众人习以为常的期待击碎,以使读者看到事物内里的怪异。如卡夫卡的小说《变形记》,就是通过一场令人瞠目结舌的虚构,撕破了日常幻觉,把久被人们忽视的深层变革展现了出来。

我们不妨回顾一下这个故事的内容:

格雷戈尔是个公司职员。父母退休了,妹妹在读书,靠他一个人挣钱养家。他对生活有抱怨,但也知足。后来,他变成一只甲壳虫,不能工作了。家人抛弃他,让他自生自灭。他最后也终于死了。

就是这么个故事,很平常,很日常。唯一不寻常的地方,是活人变成了虫子。

要说变形这种事,在文学作品里也没什么奇怪的。写小说嘛,怪力乱神,没什么禁忌。但你把这种情节,放进日常的生活场景当中,那感觉就变了。它很突兀,很扎眼,甚至让人毛骨悚然。

活人变虫子,读者的第一印象是它不合于常识,也不是这类小说(我们姑且命名为"写实小说")该有的叙事逻辑。

读者在《西游记》里看到人变虫子并不觉得稀奇,但如在《罪与罚》里看到,就只能讶异,怀疑作者或出版商搞错了。因为对于文本题材，读者和作者间会有一些潜在共识。这种共识告诉我们，在更近于《罪与罚》这种写实笔触的小说里，看到人变成甲虫，是有问题的，是无视读者和作者约定的。你这么干，就是明目张胆地撒谎，是在侮辱读者的智商。

卡夫卡为什么要撒谎，他是要愚弄读者吗？

要解答这个问题，就还得回到开头提到的"日常性幻觉"这个话题上。

哲学史上有个很有名的"罗素鸡"的故事：主人每天早上都会准时来农场投喂火鸡，于是火鸡归纳出一条规律：每天这个时候就有吃的，时间到了就能吃到东西。后来感恩节到了，火鸡欣然等待食物，但是这次等来的不是投喂，而是屠刀。

火鸡不知道发生了什么，"感恩节"这个概念对它来说是无意义的。我们所滋生的日常幻觉，所陷入其中的思维误区，正是罗素鸡这样的东西。它源于日常生活里习见的归纳法，不准确，但好用。也因为好用，它就每每滋生些很固执的偏见，甚至使我们面对"感恩节到了"这样的灾难，也会视若无睹。

卡夫卡在以写实笔触叙述的小说里，选择"人变虫"这样的反常设定，就是要打破类似的固执偏见。对习惯性视若无睹于感恩节灾难的火鸡大谈其思维误区，是没有用的，即便要说的是确定无疑的真相。所以为达到目的，卡夫卡选择了正话反说，制造更加有悖常理的叙事奇观——小职员一觉醒来，变成甲虫。这个叙事奇观，会迫使读者从头细思那些被忽视的细节，然后重建对世界的图景认知。

卡夫卡究竟是要揭示什么呢？

简单来说，就是现代生活里的一个重大裂隙：人的异化。异化是个很宽泛的话题，为方便理解这部小说，我们不妨把话题收窄。这个异化主要发生在人的两重属性上。

任何人都有自然属性和社会属性双重属性。自然属性的你就是那个灵长类动物，要吃喝拉撒，要谈情说爱，也就是所谓自然人，就是生物学意义上的人。王小波的《黄金时代》里有段很漂亮的话，是这么讲的：

> 那一天我二十一岁，在我一生的黄金时代。我有好多奢望。我想爱，想吃，还想在一瞬间变成天上半明半暗的云。①

这就是一个人的自然属性。非常纯粹，想吃想喝，想无拘无束，想恋爱，这都是天性，最本真的欲望。

除此之外，还有个社会属性的你，那是你在这个人类社会中所扮演的角色，是你的一切社会关系的总和。

通常情况下，社会属性会对你提出义务，会对你规训以民情道德、公序良俗。它也会提供正反馈，让你接受它的驯服。比如你要是摸清了社会规则，就能吃得开，混得好，化身成功人士。

既然有了这两重属性，它们之间的关系是什么样呢？

卡夫卡讲，在现代社会，社会属性，有可能把自然属性完全吞噬掉。

---

① 《黄金时代》，王小波著，作家出版社，2015年，第7页。

自然属性没了，人变成了纯粹的"社会人"。这个"社会人"，是说一个人只剩下了各种社会职能的状态，跟我们常说的"工具人"很相近。

社会属性本来就是各种功能性，要是一个人只留下社会属性的存在向度，那他就变成了各样功能的集合，比如挣钱、干活、上班、迎合客户需求等，变成一个工具。至于他自己，他的"自我"，就空心化了，被吞噬掉了。

那么，假如说一个人，他安安生生过了三十年，为了适应环境，其实只留下各种功能性而又不自知，他的认识还停留在日常幻觉里，不知道内在的、私人化的自我早就被"社会人"吞噬掉了。然后某一天，他的各种功能性不存在了，对要服务的对象不再有利用价值了，这会怎么样呢？

他会变成对别人无用，也无所用于自己的奇怪生物。人厌鬼弃，自己也跟着自弃。甚至有一天被淘汰掉了，他都还不知道世界发生了怎样的变化，不知今夕何夕。就像歌里唱的那样，如此生活三十年，直到大厦倒塌。

这个对别人没什么用，自我也无法安放的怪胎，就是卡夫卡塑造的那只又丑陋又令人怜悯的甲壳虫。

这是个很真实同时又很可怕的结果。这是一种日积月累地忽视遗留下的重大危机，这就是卡夫卡所要讲述的真相。

仔细阅读这个故事，你会感到一种非常熟悉的"繁重感"。是的，这个小职员格雷戈尔，虽然没什么高远的理想，但他的生活又非常繁重，几乎压得人喘不过气。你看，他要应付老板，要赡养父母，要扶养妹妹乃至于支持其教育……

格雷戈尔不是什么大英雄,只是个普通市民。但这个普通市民的生存难度,比史诗故事里的大英雄还艰难。

这不是什么夸张的说法,咱们还是拿《荷马史诗》里的奥德修斯对比。奥德修斯参加了特洛伊战争,一场仗打了近十年,攻城略地,在回家的路上还要跟海怪对峙。他做的事情,几乎超出人类的极限。但在他的身上,你就看不到格雷戈尔的那种繁重感。

阅读《奥德赛》的时候,你只会觉得刺激,情节跌宕起伏,这个人物充满英雄气概,好像面对什么情况都能轻松应对。奥德修斯的能力上限固然比格雷戈尔要高,但也不至于一个能"怼天怼地",另一个将将顾住日常生活,还活得筋疲力尽。

为什么会有这种区别呢?

因为对《奥德赛》的主角来说,故事只有一个主线。应在主人公身上,就是奥德修斯有个非常清晰的"唯一的使命",他再经历千难万险,其实都是要完成一件事情——回家。

回家是他的使命,是一种源于私密自我的强驱动。这个欲望统摄着他,也塑造着他,使他在不同环境扮演的各种角色与内在的自我保持统一。他的自然属性与社会属性,他的内在欲望与功能职能性,是统一的。

格雷戈尔就是完全不同的状况了。他活得很累,他没有投射到这种唯一的、具有价值优先的实践中去。他跟我们一样,有一连串的社会角色,每一个角色都会给他加一些琐屑、无聊的义务职能。这些职能,或者说功能,很少是他内驱地、主动地愿意承担的,只是外部环境强加给他的规则。

格雷戈尔缺少奥德修斯的那种指向人物自身的统一感,每一个社会角色都在肢解他。他要承担起这些,就会耗费所有精力,就要分裂出很多功能客体。最后也就没多少自己的时间了。

对于被强加于身的那些角色,格雷戈尔是什么态度呢?举例"公司的职员"这个角色,格雷戈尔有段内心独白:

> 我选了个多么累人的职业啊!日复一日奔波于旅途之中。生意上的烦人事比在家坐店多得多,还得忍受旅行带来的痛苦,倒换火车老得提着心,吃饭不定时,饭菜又差,交往的人经常变换,相交时间不长,感情无法深入……[1]

能读到什么?抱怨。他并不想生活在旅途奔波里,不想让自己的生活充满生意上的烦人事,不想吃不定时又差的饭菜,不想生活在陌生人的疏离当中……不想干,又不得不干。如果跟王小波的那段话一比较,就能轻易发掘出社会属性对自然属性的压抑。

格雷戈尔是小人物,是反英雄,是个现代社会的西西弗斯。西西弗斯被罚死后不停地推石头,未等推到山顶,石头再次落下,于是他只能日复一日地重复这种苦役。在变成甲壳虫之前,格雷戈尔的生活就是西西弗斯式的。

---

[1]《卡夫卡中短篇小说全集》,[奥地利]卡夫卡著,叶廷芳等译,人民文学出版社,2015年,第161~162页。

比如说，为了父母安心退休，为了妹妹能读大学，为了在公司得到提拔，还有为了这个社会条列出的各种规则、成功景观等，他就必须日复一日地工作，就算生病了也停不下来。他只能这样。小职员格雷戈尔甚至没有闲暇照顾个人爱好，考虑异性伴侣，经历感情生活。

最后我们看到，这个不幸的家伙处于一种非常反讽的生存状态：他既繁忙地为生活奔波，同时又匪夷所思地压根没有生活。

在古希腊史诗所代表的那个古典时代里，奥德修斯诓骗独眼巨人，声称自己是"没有人"①而躲掉了灾祸。到了现代社会，卡夫卡塑造出了一个真实的"没有人"。格雷戈尔是一个典型的、没有什么面目的社会职员。他被一连串的社会角色给吞噬掉了。在变成虫子之前，格雷戈尔就已经不太像人了。那个梦魇一般的虫形怪物，正是格雷戈尔持续地受挤压、剥夺后的自我，是他的各种社会角色合谋的产物。

格雷戈尔个体形象的模糊，进一步强化了其普遍性。

细读《变形记》这个故事你会发现，格雷戈尔的形象面目是模糊的，性情是平庸的。作为一个人，他的个性、性情，几乎没什么记忆点。

没有对比就没有伤害。以我们所熟悉的另一个前现代社会文学形

---

① 典出《奥德赛》。在回家途中，奥德修斯一众误入独眼巨人的山洞。巨人询问奥德修斯的名字，奥德修斯答曰，自己叫"没有人"。巨人每天吃掉奥德修斯一个同伴，后被奥德修斯设计，伤其独眼，并制伏于山洞中。巨人在洞中哀嚎，同伴听到，前来救援，在门外问何人伤你，巨人回答："'没有人'用阴谋杀害我。"

象——孔乙己举例，他就具有很鲜明的个性，讲话文绉绉，穿着长衫站着喝酒，偷了东西还要强辩驳，对比他更弱的弱者（如儿童）非常友善。我们闭上眼就能很轻易地浮想出孔乙己的轮廓，跟格雷戈尔完全不同。

就谋生而言，孔乙己比格雷戈尔弱多了，但是他比格雷戈尔更像人。格雷戈尔的每一个侧面，都能找到成千上万个雷同的人。换句话讲，在变成甲壳虫之前，格雷戈尔过的是一种标准化的市民生活。

格雷戈尔是一个标准的现代人。每一个现代人，都在承担着类似的社会角色义务，每个人的"自然属性"，都被社会角色压抑，甚至处于"随时都可能雪崩"的状态当中。正因为有很坚实的社会事实作为依托，所以即便这个叙事段落是非理性的，它读起来却又无比真实。可以说，任何一个普通现代市民都要像格雷戈尔一样，去承担这种缺少内在统一的繁重压力：只上强度，没有目的。

亚当·斯密在他的《国富论》里说过一段话，谓商品之所以有交易的价值，乃是因为其具备凝聚了可让渡的劳作，购买的人因此免于劳苦。[1]生活在现代社会的人，为了谋生，不停在社会关系中让渡自己的劳动，因此便持续性地处于苦辛。这种持续性地让渡劳动，结果就是个体被劳动给异化了。人变成了劳动的工具，并且被这些外在性定义、束缚住了。

---

[1] 《国富论》第五章："对于已得此物但愿用以交换他物的人来说，它的真正价值，等于因占有它而能自己省免并转加到别人身上去的辛苦和麻烦。"［英］亚当·斯密著，郭大力、王亚南译，商务印书馆，2014年。

这种情况并非从来如此，而是社会化大生产、高度分工的现代社会才有的产物。格雷戈尔是个很典型的现代人，但他这种日常幻觉的形成要远远早于社会化大生产。对社会的深层变革，很多普通人都是熟视无睹的，我们对生活的认识，很多时候都是刻板印象。在教育如此发达的今天，大多数人依然不了解量子力学，对物理世界的认识停留在牛顿的年代。甚至还有很多人坚信"地平论"，认为我们生活的地球压根不是个球体。

我们笑话格雷戈尔，其实我们对重要细节变化的忽视一点不比他少呢。

当然，格雷戈尔在变成甲壳虫前，是断然不会觉得自己不幸福的。在进行这种苦役的时候，他身后还有个甜蜜的家，这就是他唯一的精神支柱。

但非常不幸，甜蜜的家，依然是他的日常幻觉。

格雷戈尔自以为充满温情的家，其实比奥德修斯所处的巨人山洞还要恐怖。那个"家"对他进行无休止的榨取和剥夺，还帮助他自我催眠，精心掩盖他早已失去自我的现实。它麻痹了格雷戈尔，使他对真正的危险视而不见，充耳不闻。

而一旦他变成了虫子，失去了养"家"的能力，"家"就撕开温情脉脉的面纱，将他一脚踢开。家人们对他的存在深感羞耻，某些家庭成员，甚至比陌生人更盼望他快点死掉——此时的他，已经变成了沾在"家"上的一个污点，需要尽快被抹除掉。

构成这个恐怖的"家庭"的其他成员，绝非十恶不赦之辈。他们都是普通人，和格雷戈尔一样的普通市民。卡夫卡写道，在格雷戈尔最初独立撑起这个家时,其他成员对他是满怀感激的。但"日常"这个东西,会钝化所有的激情与善意,家人们慢慢变得心安理得。甚至不妨说,他们只是参与了编织日常神话的共谋,连自己都是受害者。

格雷戈尔和他的家人被现代社会异化了,但他们却深陷于日常的幻觉中,察觉不到自己的异化。用变形的写法,卡夫卡打破了日常的幻觉,也让"现代社会对人的异化"这层被遮蔽的真相,展露在读者面前。《变形记》,就是卡夫卡为现代社会谱写的新寓言。

类似于卡夫卡的这种写法,在过往的文学作品当中是从未出现过的。所以我们至今将卡夫卡看作尼采式的人物,认为他是现代主义文学和昨日世界的分水岭。诚如英国诗人奥登所言,卡夫卡和我们时代的关系,近似于但丁、莎士比亚、歌德与他们时代的关系。[1]

过去的西方文学有奥维德的《变形记》,也是讲变形的,一部长诗的基本叙事动力就是"变形",由变形而完成创世论的构建。但那是神话故事,是寓言,是幻想,没有人会把它当成对现实生活的言说。

也有一些作品,以客观描述人类世界为己任,比如巴尔扎克的《人间喜剧》,里面装下了一整个现实世界。但这种作品里,绝不会出现人变成甲壳虫这种违反生物学的设定。

而卡夫卡打破了传统,又构建起自己独特的真实性,使人变虫这种超自然桥段显得合情合理,而非显得作者玩世不恭。就读者接受来

---

[1] 见《从卡夫卡到昆德拉:20世纪的小说和小说家》,吴晓东著,生活·读书·新知三联书店,2003年,第13页。

讲,不管学院派抑或普通读者,实际上都没有怀疑过卡夫卡的严肃性。这种独特的真实性,是怎么构建起来的呢?

要探究这个问题,我们须得明白两条关于"真实"的认知:

一、心理感受的真实不等于经验世界的真实。

二、那些不与经验世界重合的真实,未必就属于想象世界。

《魔戒》故事塑造的中土世界,读者都知道是出乎想象,与真实无关。我们无法去袋底洞做客,但是只要其叙事、设定在内部逻辑自洽,读者便默认其合理性。这样的想象世界是异度空间,跟现世生活是不相关联的。这是一种具有合法性的虚构。

经验世界的真实,则仰赖于大众的常识和感受方式。那些以写实笔触展现现世生活的,无论浪漫派抑或现实主义,无不诉诸经验的真实。巴黎圣母院里可以有一个丑陋的敲钟人,19世纪的索漠城也容得下一个箍桶匠的发家史神话。不管历史上是不是实际存在过这些故事,它都可以存在于文学当中,因为它们符合我们对经验世界的认知。

但仍有另一种情况,既不是靠塑造异度空间的想象世界进而追求其内部自洽,也不是诉诸经验世界规则以取得大众常识默认的合法性,而同样能构建起一种真实性。它诉诸一种心理的真实。这种心理真实对我们的情感冲击如此之大,如此能引发共鸣,以至于我们不得不审视,那看起来荒诞的表象,其下面隐藏的真相,是否也会降落在我们自己身上?

当这个真相被我们的情感所接受、经验所认可后,作者借以言说真相的那个表象,就会成为对这真相的一种精妙概括。卡夫卡所创造的新的真实形态，就属于这个范畴。那个甲壳虫确实暗沉沉地存在于当代市民的身体之内，看不到，却随时可能冒出来。

不能挣钱的现实状况，只是让格雷戈尔看清楚自己早已沦为甲壳虫的境况，这没什么大不了的。那"一连串惊惶不安"的梦才是值得深思的。卡夫卡说格雷戈尔从一连串惊惶不安的梦里醒来，这位小职员梦到了什么？

鲁迅先生在《狂人日记》里有个很巧妙的反置：他把狂人对旧社会的真实深刻的觉察设定为"疯病"，把他同流合污、加入吃人盛宴的后来，反倒设定为"正常"。狂人回归"正常社会"，恰恰就是这种正常社会的无可救药。

《变形记》里也存在类似的反置：恰恰就是格雷戈尔必须忍痛告别的温情的过往家庭生活，才是真正值得惊惶不安的梦。至于后面变成了甲壳虫，则是如《黑客帝国》经典台词所指出的那样：欢迎来到真实的荒漠。经由这一"神迹"，格雷戈尔不是低于普通人，反而是站在更高的生态位，看清了沉醉于"日常幻觉"的人们看不清的真相。

卡夫卡要讲述很多东西，包括人的异化，日常幻觉之下的家庭伦理崩溃，市民社会的疏离感，个体与外部环境的格格不入……所有这些真实的、拥有广泛共鸣基础的感受，它们汇集到一起，就有了那一只使人厌恶且自弃的甲壳虫。

甲壳虫是一种承载物，一种逻辑假设的起点。借助这个起点，卡夫卡为我们提供了一个非常好的解释模型。这个文学的模型太有解释力，以至于恰恰是反常的人变虫桥段，才让这个世界观看起来正常而真实了。

甲壳虫的出现不依赖于物质世界的定理。它是一种神迹，就像《圣经》文学里的创世论一样。追问为什么上帝说要有光于是就有了光，是无意义的，真正值得关注的是这种叙事模型提出后所承载的情感经验。

由此也就不难理解，为何小说当中大范围使用格雷戈尔的视角及其心理描写了。唯有深入这个人物的内部，读者才能更切肤地感受到现代社会的光怪陆离。这种"虫眼看世界"，提供了巨大的便利性。

在文学史承继意义层面，卡夫卡发明了这一写作法——在写实风格小说里，为了符合心理真实而不惜插入超自然段落——这种技法之后迅速变成了一种必然性，被其他优秀作家所发扬。

马尔克斯就看到了"非理性的神迹"和心理真实的表达并不冲突，看到了"人虫"的创造对表达自我的便利，才会拍案叫绝：原来小说还能这么写！

他随即也找到了自己的叙述口吻，找到了"外祖母的故事"与"真实世界"的连接纽带。有了这种话语的自信，就有了《百年孤独》里此类顺理成章的叙述：

> 何塞·阿尔卡蒂奥·布恩迪亚意识到失眠症已经侵入镇子，便召集起各家家长，把自己所知的失眠症情形讲给他们听。众人决定采取措施防止灾难扩展到大泽区的其他村镇。他们把用金刚鹦鹉跟阿拉伯人换来的小铃铛从山羊脖子上摘下，放在镇子入口，供那些不顾岗哨的劝告和恳求坚持进镇

的来客使用。那时节走在马孔多街道上的所有外乡人都要摇动小铃铛,好让病人知道自己是健康人。他们在镇上逗留期间禁止一切饮食,因为疫病无疑只经入口之物传播,而所有食品饮料都已沾染失眠症。这项举措成功地将疫病控制在村镇之内。隔离卓有成效,后来人们就将紧急情况视为常态。生活恢复秩序,工作照常进行,没人再为睡眠这一无用的习惯担忧。①

既然人可以变成虫子,为什么就不能存在可防可控可传染的失眠症呢?

这是寓言吗?并不是,这是魔幻现实。其背后遵循着与卡夫卡创作相近似的真实逻辑。

文学史的原创性,有时和工程学的发明一样。发明家将新的发明公之于世,它的应用领域甚至超乎发明者本人的想象。

在卡夫卡而言,"人虫"的发明,只是便利于表达他的个体经验:他以弱者姿态长期与父亲对峙而滋生的灰心感、疏离感,他被至亲厌恶而产生的敏感心理,他观照自我时所产生的累赘印象。

当甲壳虫试图移动笨重的身躯,却只能扑腾细小的腿;当甲壳虫试图响应亲人的回避要求,却只能在狭小的空间里撞伤自己;当甲壳虫想表达自我,却只有难以分辨又让人毛骨悚然的嘶嘶声响……卡夫

---

① 《百年孤独》,[哥伦比亚]加西亚·马尔克斯著,范晔译,南海出版公司,2011年,第40~41页。

卡勾勒这些细节的时候,呈现给读者的,是病人的宣泄,其宣泄甚至会引发不少共鸣。

而当"人虫"这一神迹,作为创作方法呈现在马尔克斯面前的时候,他所看到的则是魔幻与现实并存的可能性。当这种创作法被广泛运用的时候,魔幻现实主义便理直气壮地诞生了。

一个比较反直觉的事实是,对真实体验的遵循,通常会抗衡"日常"重力。需要抹开日常的幻象,进而由刻意的失真手段触及更深层的真实。借此笔触,击碎日常幻觉变成了一件很容易的事情,世界范围内的作家便可以描述其本土社会与西方现代社会接榫时所发生的种种"魔幻现实"。

自然,文学和现实的互动,不只是"击碎日常幻觉"那么简单。作家用笔呈现世界,以及我们通过阅读去理解文本,都需要借助一些更具体化的视野、角度。下章开始,我们便以这些有意思而较普遍的观照角度,去理解那些有趣的文本,看文学经典都是如何呈现对应话题的。

## 第六章 作家们的钱袋子

贫而乍富者内外失衡，富而转贫者受尽冷眼。一段时间内的经济状况，可以阐释人物活动的外部系统；急剧发生的财富变化，则蕴藏着强力的戏剧冲突。

# 第六章 作家们的钱袋子

钱很重要。俗话说,有钱能使鬼推磨。而对文学而言,它也是一种非常重要的戏剧因素。这一章节,我们来掏掏作家们的钱袋子。

钱能激起贪恋、占有、竞争、嫉妒,也足以暴露各人不同的性情。有钱会使人优越,贫穷则滋生羞愧与耻辱心。司马迁《史记·货殖列传》说得好:

> 故君子富,好行其德。小人富,以适其力。渊深而鱼生之,山深而兽往之,人富而仁义附焉。富者得势益彰,失势则客无所之,以而不乐。夷狄益甚。谚曰:"千金之子,不死于市。"此非空言也。[1]

嫌贫爱富者是势利眼,人皆唾弃。然而趋富又是人性使然,即便不是逢迎富人,自己求富也是许多人所向往的。贫而乍富者内外失

---

[1] 《史记》,(西汉)司马迁著,(南朝宋)裴骃集解,(唐)司马贞索引,(唐)张守节正义,上海古籍出版社,2011年,第2458页。

衡，富而转贫者受尽冷眼。一段时间内的经济状况，可以阐释人物活动的外部系统；急剧发生的财富变化，则蕴藏着强力的戏剧冲突。

一流的文学家很注意运用金钱的元素，体现它和人性之间极大的互动空间。

比如《悲惨世界》中的冉·阿让，他的生活甚至于他的品格，是几乎完全被经济状况限定的。他出身贫寒，挣到手的钱勉强糊口，给冻饿中的外甥偷一块面包，结果给自己带来十九年的苦役。对冉·阿让来说，经济问题体现了一种对其人物命运的规定性。

他犯的罪很小，其发心又使人悲悯，给他判的罪却极重，这显然是不公的。"他开始审判社会，并且判了它的罪。"[1]雨果说。出狱后，他又无处可去，不能劳动挣钱，甚至不能花钱住店。一言以蔽之，就是走投无路了。

孟子有句话，"率兽食人"，非常形象，也足可形容冉·阿让的这种外部经济状况与内心善恶的互动关系。

那位善良的主教是唯一接纳冉·阿让的人，还给他提供晚餐。这当然是高尚之举，是或能照亮灵魂的一盏灯。而冉·阿让对主教的回报，却是利用这份信任偷主教的银器，而且甚至没意识到这有多恶劣。

警察过来后，面对警察盘问，主教再一次庇护了冉·阿让。冉·阿让大受震动，他在恶世间第一次看到人性的善。雨果使我们看

---

[1]《悲惨世界》，[法]雨果著，李丹、方于译，人民文学出版社，1992年，第95页。

到，那盏照亮灵魂的灯，如何穿透恶世道赋予冉·阿让心灵的重重黑暗。这善良使冉·阿让自惭形秽。他幡然悔悟，从此开始了新的生活——

雨果感兴趣的自然是心灵问题，《悲惨世界》可以说是精神史诗，而在这部巨著里起催化作用的酵母，毫无疑问就是金钱。

通俗小说家很会用金钱来制造爽点。经营，占有，挥霍，复仇，都是钱能提供的驱动，也都是推动情节、调动情绪的行动方式。《基督山伯爵》写得情节曲折，高潮迭起，是一部很引人入胜的小说。小说中，使基督山伯爵完成华丽复仇的那个杠杆，其支点就是金钱。

他最初不过是个无甚背景又刚刚失去靠山的水手，凭什么能耐，能向检察官、贵族之流构成的上层社会复仇？他那些点石成金、呼风唤雨的手段，高雅的谈吐，得体的衣着，以及混进上流社会的身份，又是以什么作为根基的？

答案不言而喻。那笔突然得来的财富，才是他完成华丽复仇的本钱。

大仲马故事的华丽源自金钱本身的华丽，只消把这种华丽呈现出来，读者很容易便迷失其中了。很多通俗小说的爽点，几乎可以等量化为对"如何支配财富"的意淫。有意思的是，这种意淫的故事，换个面貌重复千百遍，依然能够斩获青睐。

另外一些时候，作家们还会把事情做得高级一些。他们把财富笼统地处理为一种象征物，也能释放出惊人的能量。

德国神话里，尼伯龙根宝藏由巨龙看守，取得宝藏的人必背负相应的诅咒。这个宝藏便是一种象征物，还引人遐想了几百年。

而在衍生故事里，守护黄金的巨龙与被守护的黄金之间也存在着互相催化的关系，比如侏儒法夫纳因贪图财宝而化身为龙。在游戏《战神4》里，也可以看到这个法夫纳的小故事。那些异想天开的情节看起来离我们很远，但道出的关于金钱的本质，又真实到令人战栗。

现代作家常有以现实素材，改写神话的笔法。这些故事里，很多事物以象征姿态出现，能够看到里面的"钱事儿"，也能帮助我们理解很多东西。

卡夫卡在《变形记》里描述了一次变形，但不管格雷戈尔是人还是虫，决定家庭对他的态度，促使故事保持冲突张力的元素，依然是金钱。

格雷戈尔做小职员的时候就一直为家庭挣钱，此时便是家庭的恩主，受到倚重。当他被社会抛弃时，已经完全失去挣钱能力，他的存在资格都成了问题。不妨设想：假如格雷戈尔变成的甲壳虫，能在短视频平台上直播带货，吸引流量，结局会怎样？家人们还会抛弃他吗？

讽刺的是，类似的变形并非没有发生，而观众多半熟视无睹。

你在阅读的过程当中，有没有刻意留意作品当中的经济问题？有没有注意过，作者对这些要素是认真对待，还是一笔带过了？

不同类型的作品，处理方式完全不同。通俗小说讲钱时，通常不会关注花钱的细节问题，比如说购买力，挣钱的渠道，以及钱是怎么用于生活当中的。这些和故事冲突无关的生活细节，作者一般不会计较，而是留给读者们通过生活常识去脑补。有时这方面的减法做得太过严重，会使读者在跳出故事的间歇，忍不住回想：怎么，书中的人物都不需要吃饭睡觉花钱吗？

这也说明，现实的重力始终是存在的。哪怕作者有意制造幻觉，用故事造梦，读者也会时不时跳出来，以常理揣度其精心塑造的世界观。

《水浒传》里的好汉，打尖住店会遇到黑店，会碰上强梁，倒很少考虑钱的问题。施耐庵假设他们出门时就带够了现金。卖马当锏的秦叔宝倘若不是病客他乡，也不用操心钱的问题。说书人这么设定，是为后文突出单雄信的仁义。凡此种种，说钱或者不说钱，都跟故事冲突的发展有关，有关了便提一下，无关就完全放过去。

我们并不担心林冲的经济问题，也不担心武松吃住在柴进家，零花钱够不够、从哪里挣的事情。而像"打虎将"李忠不肯接济金翠莲，甚至只是接济慢了，部分读者也会跟着鲁智深嘟囔一句："也是个不爽利的人。"偶尔有个买不起棺材的穷人出现，也只为衬托宋江的"及时雨"形象。在《水浒传》的世界里，大部分情况下都不怎么讲钱的细节。

就常识来说，钱当然是重要的。好汉们为了劫生辰纲，犯下捅破天的大案，或是大碗吃酒肉、论秤分金银，也无不跟金钱有关。但钱的问题，对他们来说又似乎远不及对刘姥姥、醉金刚、贾芸们重要。

倒不是说《水浒传》人物不如刘姥姥这些人物可爱，而是所有相关问题都未被作者议题化，没有成为人物塑造的重要组成部分而已。而通过曹雪芹的细心描述，我们实在是比较清楚后者的经济状况，因而把对人物的同情，转置于对其日常生活的同情了。

就情节来说，刘姥姥必须得去贾府打秋风，然后才能游大观园。但除开情节需要，读者仿佛也不难领会，《红楼梦》的人物一些过得阔绰，另一些过得拮据，他们在财务生命方面，存有巨大差异。这种差异对读者而言非常重要，我们甚至会担心刘姥姥会不会有日子过不下去的一天。

如果我们把经济问题这条线单拎出来，看它的推进如何影响整个故事线的进展，会发现这两条线相隔愈远，故事风格就愈趋于奇思异想；这两条线相隔愈近，故事就愈充满烟火气。把经济问题完全融入作品的世界里，书中的人物就会跟我们日常生活中的差不多。我们怎么为财务问题而困扰，他们也怎么基于近似的困扰采取行动。

中国古典小说里，有一类以写炎凉世态为特色的小说，叫世情小说。世情小说多半会贴近着"钱事儿"说故事，《金瓶梅》和《红楼梦》就是世情小说的代表作。

这种小说既然要写炎凉世态，就会展现不同生活境遇下个体的生存状况，特别是生活境遇变化所产生的冲击。描写世情的作家，倘若不满足于粗枝大叶地描绘，一定要刨根问底，必然导致其作品当中展现对金钱运作的细节描写。沿着经济问题这条线刨根问底追溯，就会发现对人情、世情冷热的探讨，总能变成对金钱的思考。最后，整部作品的主旨，作者个人对世情的关怀，也势必或深或浅地建构在经济基础之上。

《金瓶梅》对"酒、色、财、气"的归纳，《红楼梦》里的《好了歌》，无不如此。一个要回归传统价值伦理，另一个几乎要看空，都是对金钱问题深入思考后抽象出来的主旨。

《金瓶梅》里写西门庆之死的段落非常棒。里面也涉及了金钱问题，跟雨果的关切就大异其趣。我们来看一下原文怎么说的：

> （西门庆）又把陈敬济叫到跟前……又吩咐："我死后，段子铺是五万银子本钱，有你乔亲家那边，多少本利都找与他。教傅伙计把货卖一宗交一宗，休要开了。贲四绒线铺，本银六千五百两；吴二舅绸绒铺是五千两，都卖尽了货物，收了来家。又李三讨了批来，也不消做了，教你应二叔拿了别人家做去罢。李三、黄四身上还欠五百两本钱，一百五十两利钱未算，讨来发送我。你只和傅伙计守着家门这两个铺子罢。印子铺占用银二万两，生药铺五千两，韩伙计、来保松江船上四千两。开了河，你早起身，往下边接船去。接了来家，卖了银子交进来，你娘每盘缠。前边刘学官还少我二百两，华主簿少我五十两，门外徐四铺内，还欠我本利三百四十两，都有合同见在，上进使人催去。到日后，对门并狮子街两处房子都卖了罢，只怕你娘儿们顾揽不过来。"说毕，哽哽咽咽的哭了。[①]

这段描写非常奇特。奇特的地方在于，西门庆已经快死了，却还能保持脑子清醒，一笔一笔地算账念生意经。

---

① 《皋鹤堂批评第一奇书金瓶梅》，（明）兰陵笑笑生著，王汝梅校注，吉林大学出版社，1994年，第1354~1355页。

他就没有更重要的事了吗?

是的,这就是他最重要的事。一笔笔账,是他自负生平的发家史,也是撒手人寰的意难平。此刻清点家产,何尝不是反刍这一辈子折腾的意义呢?

兰陵笑笑生特意将算账放到一个人的临终之际,将其仪式化了。算完以后,人间的事情料理完毕,彼岸的念想当然更全是虚空。作者好手眼:"说毕,哽哽咽咽的哭了。"

西门庆的父亲西门达早丧,西门庆年纪轻轻,就接手了一家生药铺、一进院子这样殷实却并不冒尖的家产。到他手里,段子铺、绒线铺、绒绸铺、生药铺、印子铺,各种买卖,或独办,或合资,或入股,办得风风火火。

他的手段谈不上光彩,但总能抓住机会。娶富婆,走门路,拉关系,扩大生产,低买高卖,敲诈勒索,贪污受贿以及偷税漏税。做这些事情,并非纯粹的恶就能实现,是要手段的,而且要对那个恶浊世界有超于常人的理解。

书中清清楚楚罗列出,西门庆在官场上、商场上、泼皮无赖及唱优帮闲身上的每一笔投资。注意了,仔细看你会发现,这些钱大多数不是消费。作者的能耐就表现在,他以惊人的细节向读者描绘出,西门庆花出去的钱到最后是怎么挣回更多钱的。

西门庆有段高论:

> 兀那东西(银子)是好动不喜静的,怎肯埋没一处。也是天生应人用的,一个人堆积,就有一个人缺少了。因此积

下财宝,极有罪的。①

"积下财宝,极有罪的",这在当时可谓破天荒的声音。财主们通常只懂得攒钱、节用,严监生到死都惦记着耗油的两根灯草。西门庆却知道银子好动不喜静,想尽法子,让钱流动起来。

媒介理论家麦克卢汉说,金钱是一种隐喻,存储劳动力和技能,把一种劳动形式转化为另外的形式。②劳动形式之间的转化,即金钱的流动。西门庆堪堪是位金融哲学家,他操作的金钱流动中,有官场的上下打点,有商品的低买高卖,还有直接或间接的入股投资。相对于那些土财主,西门庆反其道而行,偏能发大财。

西门庆短时间内挣下偌大产业,但并非耕地田产之类,而是流动性更高的资产与活钱,是促进其生钱的各种"势"。钱能生钱,钱能成势,钱的后面,还牵着人事。

兰陵笑笑生笔下的清河县和《悲惨世界》里的巴黎不同。"烟火气"这三个字,在清河更具体。它要表现一分钱难倒英雄汉,就会展现每一两银子的真实购买力,会给读者看清楚,不同阶层的人挣这一两银子要付出的劳动、代价。

侯林儿请落难的叫花子陈敬济吃顿饭,花了一钱三分半银子。四盘四碟,两大壶时兴橄榄酒,两三碗温面。西门庆十友结拜,称出白

---

① 《皋鹤堂批评第一奇书金瓶梅》,(明)兰陵笑笑生著,王汝梅校注,吉林大学出版社,1994年,第864页。
② 具体见《古登堡星汉璀璨:印刷文明的诞生》,[加拿大]马歇尔·麦克卢汉著,杨晨光译,北京理工大学出版社,2014年。

银四两，买了一口猪，一口羊，五六坛金华酒，还有香烛纸扎、鸡鸭案酒等物。贫富的差距，境况的悬殊，都在可以量化、兑换的金钱上显出差别。

金钱构成了生活的细节，人物的声容，社会的评价。对西门庆以及周围的环境来说，这也是人生的意义所在。西门庆炫弄优越感时谈的是"每日吃用稀奇之物"，媒婆向人夸耀，妻妾、帮闲对他逢迎，立足点也全都在这里。

饮食、见识、交游，这些构成了人物的见识、器局、自尊心、自我实现感，背后无不是很具体的金钱问题。

《金瓶梅》里有很多写美食的段落，《红楼梦》里也有，而二者颇多不同处。曹雪芹除非要构建奇观式的夸富，满足观众对上层社会的窥私欲，否则很少写这顿饭要花多少钱。贾宝玉连男性都嫌恶浊，读书为求官的人被他嘲讽为禄蠹，更何况俗气扑面的孔方兄？

兰陵笑笑生不然。他喜欢把钱和饭一块儿写，还喜欢讲完美食后慢悠悠算笔账，告诉读者这顿饭花了多少钱。第二十三回李瓶儿下棋输了五钱银子，潘金莲趁势宰了顿饭。吃的啥呢？三钱一坛的金华酒，两钱买一个猪首、四只蹄子。所有饭食，都有价钱。

食材有价，带出来旺媳妇宋惠莲的拿手绝活——用一根柴禾烧好猪首，也是和经济实惠、勤俭持家有关的美德：

> （惠莲）于是走到大厨灶里，舀了一锅水，把那猪首、蹄子，剔刷干净。只用的一根长柴禾安在灶内，用一大碗油酱，并茴香大料，拌的停当，上下锡古子扣定。那消一个时

辰，把个猪头烧的皮脱肉化，香喷喷五味俱全。将大冰盘盛了，连姜蒜碟，用方盒拿到前边李瓶儿房里，旋打开金华酒筛来。

这段让人百看不厌。食物和行动之美，背后牵动的是持家的算计。兰陵笑笑生并非美食家，他是生活家。他就是要把金钱具体到财主人家一日三餐的花销，以及请客吃饭和投资回报的算计当中。

挣得多，出手阔，仍不妨碍西门庆该省省、该花花。

第二十一回西门庆与吴月娘和好，其他几房妾趁兴凑份子。如李娇儿、孙雪娥等人，让她们拿出五钱银子都很困难。到饭店时，仆人买回金华酒，撞上西门庆，又被主人一顿数落：

西门庆道："阿呀！家里见放着酒，又去买。"吩咐玳安："拿钥匙，前边厢房有双料茉莉酒，提两坛掺着这酒吃。"

金华酒是名酒、美酒。西门庆宴客应酬时，漫使滥钱，毫不手软；到居家过日子，也舍不得放开喝，要跟较便宜的茉莉酒掺着喝。这并非唯一一次，实际上西门庆多次要求家人和下人，居家时酒要掺着喝。

他是喝不起金华酒吗？非也。他是太懂得投资，恨不得每分银钱都动起来，哪怕是买一坛金华酒的三钱银子。

一生都处于原始积累和上升阶段的西门庆，本是作者兰陵笑笑生批判的对象，然而借助这种基于士大夫传统立场的批判，读者却得以还原出田园经济底色下生出的一股异质力量。

作家格非就注意到西门庆所抱持价值观的异质性，以及产生这种异质价值观的全新经济基础。这就是养活西门庆这样的商人，并使之短时间内完成原始积累的运河经济：

> 在《金瓶梅》中，作者似乎人为地将与乡村生活有关的所有线索一并切断了。清河县城和临清码头，虽然通过京杭大运河与外界交通，但所到之处，不是南京、扬州，即为杭州、临安一类的名城大邑，与乡村山野绝无关涉。乡村的元素或背景，遭到了全面的滤除。[1]

生活在这样环境里的西门庆，既不会服膺令自己身处弱势地位的传统价值观，又尚不能作为一个阶层，向社会辩白自身所奉行人生哲学的合理性。形诸笔墨间，只能一方面受着批判，另一方面又颇多自傲于传统士大夫阶层的资本与见识，即令读者看完，也不认为他是完全被否定的坏人。他固然仍旧是个恶人主角，但同时却又有开风气之先者通常具备的先锋性，这种先锋性甚至在今天看来仍旧意味深长。

限于自身的时代局限，兰陵笑笑生找不到解决的办法。对西门庆这样的新人物，他找不到更中肯的审视角度，于是只能退回到传统价值观里，发出类似于这样的道德训诫：

---

[1]《雪隐鹭鸶：金瓶梅的声色与虚无》，格非著，译林出版社，2014年，第28页。

> 只为当时有一个人家，先前恁地富贵，到后来煞是凄凉。权谋术智，一毫也用不着，亲友兄弟，一个也靠不着，享不过几年的荣华，倒做了许多的话靶。①

他挣了恁多钱财，又曾经很沉浸地生活和享受，但他终究活成了笑料。在传统价值观看来，是不足为效的。不过这样的抽象总结，步子迈得太大，反而暴露出作者自身的思想困窘。

西门庆那样用力且适己地活着犹不足效，而达官贵人无一不是有着更劣的人品，社会纲常也每每趋于下坠，那些足以驱动人心去奋斗的要素，转身化为酒色财气等人生的"毒药"。比较其他人，还真不好说西门庆这个范本一定更坏。

于是，作品的底色终究是归于虚无。世情看穿后，实在无可留恋。

然而写故事的时候，举凡美色、佳肴、竞争、酬唱，作者又无不沉醉其间，乃至于时常流露出乖离其道德规训的及时享乐来。就像学者孙述宇指出的，兰陵笑笑生是个活力过剩的作者，"有异常充沛的活力，偏见是少得出奇"②，他用过剩的活力塑造了妓女、帮闲等一个个小角色，看他们出丑受罪，看他们纵情享乐，又每每寄寓同情乃至于欣羡。好像人生也并不是那么可悲的一桩事体，作者很享受其

---

① 《皋鹤堂批评第一奇书金瓶梅》，（明）兰陵笑笑生著，王汝梅校注，吉林大学出版社，1994年，第12页。
② 参见《金瓶梅的艺术：凡夫俗子的宝卷》，孙述宇著，民主与建设出版社，2021年。

中的活色生香。

哪个才是真的？是诲淫诲盗的畅销书作家，还是因失误以致劝百讽一的卫道士？

如果是抱着巴尔扎克式对文学的雄心壮志，兰陵笑笑生尚可抛开归宿不谈，把文学本体的创作旨趣作为终极的追求目标。但从对堕落生活的工笔描写，与时时冒出的道德批判看来，作者实在是个追问价值归宿的人。

于是，声色和虚无成了事物的一体两面，大图景的意义消解与眼前的敏于行动并行不悖。他一边忠诚于艺术的真实，又痛感传统的崩塌，最后无心插柳，勾绘出一部金钱的史诗来。

西门庆当然算不上什么好人，却是最合适不过的传主。他生活在风俗浇漓、官场腐朽的世道，又富有心计，精通权力变现和以钱谋权的艺术。以他为主角，就能把现实的复杂性充分调度、运用起来。

作者之笔，借此触达了现实社会里的三教九流，并总是把钱的问题与其解决摆在首位（正如我们自己的生活一样），从而使读者对世情有极深刻的了解。论者称，读《金瓶梅》生悲悯是菩萨心肠。这种说法看似假道学，实际上切中肯綮，因为这原是又一《悲惨世界》也。对西门庆来说，金钱是另一味取他性命的胡僧药。有道是江湖就是打打杀杀，世情也无非酒色财气。

而对作者和读者来说，《金瓶梅》就是金钱之书。书中既隐藏金钱的秘密，同时也伴随金钱的罪恶。也正是在这些作品的肌理与毛细血管中，兰陵笑笑生构建起自己世情文学大师的卓然地位，并影响到身后《红楼梦》《海上花》，直到张爱玲、金宇澄等名作和大家的文学理路。

鲁迅先生评价曰：

> 作者之于世情，盖诚极洞达，凡所形容，或条畅，或曲折，或刻露而尽相，或幽伏而含讥，或一时并写两面，使之相形，变幻之情，随在显见，同时说部，无以上之。[1]

对金钱的思辨未必总是要到形而上的冰冷高地，也有作者认真思考这个问题，随后采取一种不求甚解的务实态度处理。柴米油盐都要花钱，这个判断没错，但并不意味着追问支撑在柴米油盐等生活现象背后那个叫作钱的东西的本质，就是我们唯一要做的事。生活里还有很多别的好玩的事，写作也有别的题材，金钱问题可以存在，只要存在得恰如其分就好了。

读者很容易就能在简·奥斯汀的小说里发现钱的重要性——她总是谈钱，婚丧嫁娶，遗产继承，能到手的年金，这些都跟钱有关系：

> 老绅士死了；宣读遗嘱，结果就跟几乎所有的遗嘱一样，让人喜忧参半。他为人还算公正，行事也算是领情，毕竟还是把产业留给了他的侄子——可是那附加的条件却使这

---

[1] 《中国小说史略》，鲁迅著，《鲁迅全集》第九卷，人民文学出版社，2005年，第187页。

份遗嘱损失了一半的价值。本来达什伍德先生想要这笔财产,主要就是为了妻子和女儿们着想,并非为了自己和儿子——而遗嘱却明确规定必须将全部产业完整地传给他的儿子和儿子的儿子:一个四岁的孩子,这么一来,他就无权从产业的资产中提取任一部分,或者出售地产上的珍贵林木,来赡养他最为疼爱又最需要保障的妻女了。全部的产业都为了那个孩子被打包扎牢,这孩子跟他父母来过诺兰几趟,跟两三岁的孩子也没什么两样:口齿不清,一心要自行其是,诡计多端,大吵大嚷,就凭这个居然赢得了太叔公的欢心,把侄媳和侄孙女儿们多年来的悉心照顾都比了下去。不过,老人家也并没有故意要无情无义,为了表示对于三位姑娘的一片慈爱之心,他给她们每人留了一千磅。[1]

常有读者指责奥斯汀不关心时代变化,永远把目光局限于一隅。确实如此,不过也正如文学批评家乔治·斯坦纳说的那样,奥斯汀用自己的风格强力拓展一片领地,并把它治理得井井有条。[2]

奥斯汀是她那片乡下庄园的万事通,当地有多少受过良好教育的待嫁淑女,多少颇富资财的光棍汉,哪些礼仪在小范围内是得体的,又有哪些外人不以为怪的行为在当地却会引起嘲笑、激发议论,奥斯

---

[1] 《理智与情感》,[英]奥斯丁著,冯涛译,上海译文出版社,2020年,第4页。作者名也译为奥斯汀。
[2] 《巴别塔之后:语言与翻译面面观》,[美]乔治·斯坦纳著,孟醒译,浙江大学出版社,2020年。

汀都了然于胸。她很善于把这些事情用富有个人性情的方式讲述出来。那种反讽语调,在当日所引起的"笑果",似乎在今天依然能听到回声。

奥斯汀文学世界里的金钱,很接近我们现实生活当中的金钱,一直在视线范围内,但并不影响世界的重心。我们要挣钱、花钱,我们也要进行别的生活。既不需要纸醉金迷,狂喝滥饮,也不会看空顿悟,向隅沉思。钱就是钱,仅此而已。

假如在已经良好运转的生活当中,所需的钱已经够了,就没必要再为之费心神了。既不用变成金融学者,更无需成为金钱的哲学家。

伍尔夫这样描述奥斯汀的文学乐园,我认为是抓住了她那种务实与情调并存的特质:

> 她(奥斯汀)谦卑而快乐地一点点收集筑巢的小枝和草秸,把它们整整齐齐码好。那些枝丫和草秸有点枯干,有点土蓬蓬的。那一带乡间有大房子和小房子;有茶会、餐会和偶尔举办的户外聚餐;生活受到有身份的亲友关心及适量收入的护佑;也被泥泞的路、濡湿的脚以及一些女士们易于疲倦的倾向所局限;维持这般生活的是一点儿钱,一点儿身价,还有当地中上阶层通常会受到的一点儿教育。[①]

---

[①]《伍尔夫读书笔记》,[英]伍尔夫著,黄梅、刘炳善译,译林出版社,2016年,第17页。

透过金钱写出的平静,与凭借金钱写出的紧张感同样难得。我们会受找刺激的驱使打开一本小说,另外一些时候,读小说则是为了获得平静,可能再加一点有趣。这种时候就很适合读一读奥斯汀。

巴尔扎克则洞悉金钱和良知的互动张力。这得益于他身上兼具的两种特点:一方面渴望以理性的头脑分析这个算计的世界;另一方面诉诸情感,用想象力把握这个世界的诗意。

巴尔扎克并不急于道德的校准,但他很乐于把玩道德濒危之境中,善良所蕴含的戏剧爆发力:

> "那么您答应了,是不是?"她高兴得哭着说,"别怕,堂弟,您会发财的。这些金子会给您带来好运,将来您可以还我的;而且我们可以合伙一起干。总之,您提什么条件我都答应。但是您别把这笔礼看得有多么重。"[①]

如果今天有读者想找一个写紧张故事的经典作家,巴尔扎克将会是不错的选择。他所构建的文学大厦《人间喜剧》,是如此善于发掘金钱当中的戏剧性,以至于巴尔扎克成为马克思最常引用的作家之一。

由金钱的视角看,《堂吉诃德》开头的段落与后文堂吉诃德的出走,其间的关系也可以有一种新奇理解:

---

[①]《欧也妮·葛朗台 高老头》,[法]巴尔扎克著,王振孙译,上海译文出版社,2010年,第106页。

这类乡绅在家中都有一支架在架子上的长矛、一面古老的盾牌、一匹瘦弱的劣马和一只猎犬。其锅里煮的是牛肉，而不是羊肉。他几乎每晚都吃凉拌杂碎，星期六才吃些腊肉煎鸡蛋。星期五只吃刀豆；星期日再加一盘鸽肉。这样，光吃饭就占去了他收入的四分之三。①

堂吉诃德自号愁容骑士。读者往往多留意于这位疯骑士的奇思异想，被他的脑回路与举动逗弄得哈哈大笑，却不愿意注意他的表情。堂吉诃德因何而愁容？

　　现实的重力像拖拽别人一样拖拽着他。日常吃着砂锅杂烩，里面牛肉总比羊肉多。这寒酸的食物，这太过平淡的日常。与其被钱压倒，成为籍籍无名的穷乡绅，还不如勇敢出走，做奉行内心道义而不顾外界评议的疯骑士吧？

　　我当然无意暗示拮据正是压倒堂吉诃德的最后一根稻草，而是提醒读者留意，即使在这样一个充满荒唐举动的骑士故事里，金钱也同样在散发着自己的能量呢！

---

① 《堂吉诃德》，[西]塞万提斯著，孙家孟译，译林出版社，2013年，第3页。

/ 第七章 /
『时间不存在了』

人在回忆时,意识是流动的,不同情境画面可以自由穿梭。这种自由既是时间本身,又是时间的创造。

第七章 "时间不存在了"

小说的时间问题，是很可留意的要素。故事情节无论多复杂，都要归附到一个叫作时间线的东西之下。从生活经验看，我们通常在时间流失后，才会意识到它的存在。从故事发生角度看，时间线上具体时点发生什么、讲述什么，是讲述者有意识选择的结果。

原始人晚上坐在火堆旁讲故事，就是最早的玩弄时间线的艺术。以前说书人讲故事的时候，还经常跳出故事，向读者解释自己立场的苦衷："花开两朵，各表一枝。"事情发展，纷纭复杂，某个时点或时段里发生了很多事情，但是我只能一件一件地说。

这种行为，也是在编辑、整理时间线。

一个故事的发展，总要穿过时间。奥勃隆斯基家里全乱了，妹妹安娜过来排忧解难，帮助哥嫂解决家庭问题，过程中遇见沃隆斯基，于是她也遭遇了自己的婚姻危机。这就是《安娜·卡列尼娜》的时间线。如果我们再进一步仔细观察，会发现它更是情节链，是因果认知链。

后两种链条和时间线不同。它们不光是"这一刻发生了什么"，还是一种主观创作意图的折射，作者试图对读者梳理转述，发生故事的前因后果，是如何一步步推进的。

很多看起来像是因果关系的情节，实则只是作者对时间线的艺术性排布。读者被情节带着走，忽略了故事的讲法问题，以至于几乎忘记时间线的在场。

所以，阅读过程中，读者如能意识到时间的存在，也会发现很多新奇的东西——永远不要忘记，作者创作、讲故事，本身就是玩弄时间线。

《三国演义》里温酒斩华雄的片段，很适合用来说明作者的这种"伎俩"。

袁绍、曹操等各路诸侯，集结大军讨伐董卓。董卓军中有一员猛将华雄，接连挫败鲍忠、孙坚、俞涉、潘凤等武将。讨董大军，现在面对一个不得不克服的难题：谁来出面，把华雄这颗钉子拔掉呢？

众将士踟蹰退缩，犹豫了，胆怯了。籍籍无名的关羽反倒站了出来，主动请缨。袁术等看重出身的众诸侯对区区马弓手的这等狂妄行为深表不满，唯独曹操却能慧眼识英雄：

> 操叫酾热酒一杯，与关公饮了上马。关公曰："酒且斟下，某去便来。"出帐提刀，飞身上马。众诸侯听得关外鼓声大震，喊声大举，如天摧地塌、岳撼山崩，众皆失惊。正欲探听，鸾铃响，马到中军。云长提华雄之头，掷于地上。其酒尚温。①

---

① 《三国演义》，（明）罗贯中著，上海古籍出版社，1989年，第60页。

罗贯中要写关羽的神勇。他前面已经写过很多次交锋,此刻两军交战的十万火急状态,他偏偏不写了。他先是制造期待落差,用袁术的不看好拉低期待,然后悠闲地,写一个容易被忽略的酾酒动作。

读者没搞明白他葫芦里卖什么药,以为紧接着又将是一大段打斗场面描写。结果作者说,战斗结束了。而关羽拍马回营时,酒还是温的,像是在着重提醒我们:看酒,这里才应该是视线的重点!

罗贯中正是抓住了酒冷与斩将两个事件的共时性,用写酒代替写战,打一个时间差。

要写神勇,不正面写神勇,而写速度。要写速度,也不正面写解决战斗的速度,而是把酾酒尚温作为时间标尺,传达出速度之快。

文似看山不喜平,情节之间,最好不相犯。不要在相同的场景里,使用重复的叙事技巧。读者看到你的底牌,猜到你接下来要说什么了,情节张力就没了。罗贯中利用共时性,避免重复打斗引起的阅读疲倦,行文叙述,给人以柳暗花明之感。

共时性还显露出故事事件的可编辑特点。我交代了一件事,接下来却不说这件事后来怎么样了,而是讲与此同时,还在发生着别的什么事情。这些事情有可能是互相关联的,那它们便有望在某个时点汇聚,共同造成某个结果。

这向我们暗示了非线性叙述技巧的可用潜力。通过发生地点、情节关联、行为交互等各种因素的巧合,可以讲出结构上令人耳目一新的故事。电影《低俗小说》《疯狂的石头》等,都是用这种方式重组时间线与情节线。这些故事讲法,也确实带来四两拨千斤式的惊喜。

编辑共时的事件时,这些事件之间也可以是看起来毫无关联的。

它们的关系,仅仅在于同时发生了这个事实而已。在这种情况下描写它们,也有作用。比如能顿住节奏,让读者暂时停下来,回味作者刚敷陈过的事件的内涵。

海明威有篇讲斗牛的小说《世界之都》,就频繁使用了这种共时编辑的方法,达到了上面所说的这种效果。

小说主人公是小男孩帕科,住在马德里一个公寓里,跟着姐姐打工。帕科很喜欢斗牛,崇拜斗牛明星,自以为很懂斗牛,幻想着哪天也来做这个危险又优雅的行当。这天姐姐们上街,帕科突然冒出个想法,要和小伙伴模拟斗牛。他让小伙伴把绑着两把刀的椅子举到头顶,扮演公牛,自己就扮演电影里那些又勇敢又潇洒的斗牛士。

> 此时此刻,恩里克正拿过两条脏餐巾,好把切肉刀绑在椅子腿上,他缠好餐巾,打上结,这些刀都利得很,颇有分量。与此同时,帕科的姐姐们——两名客房服务员——正赶去看《安娜·克里斯蒂》里的葛丽泰·嘉宝。而两名教士,一个身着内衣,在坐着读他的每日祈祷书,另一个套着长睡衣,正在念《玫瑰经》。所有斗牛士,除了生病那个,全都聚到了福尔诺斯咖啡馆,夜夜如此。大个头的黑发长矛手正在打台球,严肃的小个子剑刺手正和中年花镖手挤在一张桌上,面前是一杯牛奶咖啡,旁边还有几个一本正经的工人。[1]

---

[1]《乞力马扎罗的雪》,[美]海明威著,杨蔚译,天津人民出版社,2016年,第48页。

海明威在小说里多次平行剪辑,他反复使用一个短语:与此同时。写当下行为的时候,写此时别人在干什么,其他场景在发生什么事情。

姐姐们,教士,斗牛士,长矛手,剑刺手,中年花镖手。他们就是小男孩帕科的生活圈子,构建了他的世界和他对世界的认知。海明威铺排了这些事件,用共时画面的反差,顿住叙事节奏。

这平常的一天,这极为平常的一刻,有些非常不平常的事情可能马上就要发生了。两个孩子在进行着一个非常刺激、非常危险的游戏,这游戏随时都可能要了帕科的命。孩子天真,无所畏惧,读者反而更敏感地预感到这个游戏的危险后果。年轻,勇敢,以及无谓的以身犯险,这个命题蕴含着某种悲剧色彩。

果然,帕科在几次华丽闪躲走位后,仅有的一次,被刀子扎中动脉。

仅是这一次,就足够他送命了。

失血越来越多,小伙伴慌了,跑出去找医生。这个周末,剩下帕科一个人倒在公寓的地板上,迷迷糊糊地做临终忏悔:

> 急救站的医生上楼来了,警察也在一起,抓着恩里克的胳膊。这时候,帕科的两个姐姐还在格兰大街的电影院里,正对嘉宝的电影大失所望,她们习惯了大明星周身珠光宝气的模样,可她在这部电影里却凄惨得很。观众一点儿也不喜欢这部电影,一直起哄、跺脚,表示抗议。公寓的其他人差不多都还做着自己的事,和出事前一样,只除了那两个教

士和灰头发的长矛手,教士已经做完祷告,准备要睡觉了,长矛手端着酒挪到了那两个憔悴妓女的桌上,很快,就和其中一个一起走出了咖啡馆。之前,胆小鬼剑刺手也请她喝了酒。

小男孩的生命结束了,结束于这种看起来无谓的以身犯险里。这种行为几乎都算不上幼稚或愚蠢,而是荒诞,荒诞到家的"英雄主义"。姐姐们马上就要得知这个不幸消息了。

非凡的一刻发生了,然后这一刻又迅速地被淹没在这极为平常的时间洪流里。海明威列序了此时此刻世界上正在发生的事情,像悲剧发生前那样。他描写了一连串的共时画面,延宕情绪,坚持留住读者去思考此一刻、这一行为的内涵。可怕的事情,使淹没它的巨大平常显得狰狞恐怖。

时间线的存在和被操纵,在上面的段落里还是比较明显的。但是接连不断的画面能轻易俘获读者,使他们忘记作者玩弄的时间把戏,而陷入其想要营造的情绪张力之中。

如果我们对比这种共时编辑,和作者们惯常采用的隐匿时间线存在的做法,就不难得出一个结论:这种玩弄时间线的做法,某种层面上也是对读者们判断力的剥夺。作者是唯一有权力告诉你下一刻发生什么的人。

但他做的不只是揭露下一刻的情节,他还传达意义,区别优先。他显然在有意地带节奏,调动读者的情绪,让我们对他所描写的事情,做出他预期以内的价值判断。因此,不管是事后追溯,还是编织因果链，这些叙事都混合着作者本人的价值输出。

现代作家有时会采取一些反讽的做法，比如写一些与写作行为同时发生的故事，邀请读者一起参与。卡尔维诺的《寒冬夜行人》就是这样的小说，作者罕见地以第二人称展开叙事。你读过以第二人称展开的故事吗？在读书的你反而成了故事的主角，卡尔维诺就是这么写的。那么排布时间线的工作，现在也都摆在台面上，全交给你了。

这不光是营造更大的思考空间，还要把做出判断的权力交还给读者，让你去参与创作。于是你可能就会更接近作家的创作情境，引起对阅读的其他文学文本的凝思。

除了共时向度的剪辑、重组外，作家们也会对一整个的"时段"剪裁，根据需要，予以拉伸或者压缩。章回小说的讲述者，有一句概括时间的惯用语，叫"有话则长，无话则短"。

情节进展的优先性，在这里远高于事件内部流走的真实时间的优先性。讲故事的人有时会直接跳过几十上百年，甚至千万年的跨度。主人公吃喝拉撒的日常不是必须呈现的，因此抓住情节，当时间不存在。

读者不会关心孙悟空压在山底下这几百年，都有哪些好心人会过来喂水果。一直到取经人出现，孙悟空才重回舞台，继续他的成长与修行之路。五行山下的五百年是怎么过的，对孙悟空来说意味着什么，这些当然都是非常有意思的话题，也完全可以就此展开另一个面貌截然不同的故事。但是在《西游记》里，这些被作者有意裁剪掉了。

还有一些时候，作者也会拉伸，甚至对时间进行切片观察，营造静止的感觉。

海明威另一部小说《丧钟为谁而鸣》有四十多万字，是他篇幅最长的一部小说。这部小说里的人物行动其实挺密集的，但是它的全部情节都是发生在三天之内。情节太密集了，人物情感太丰富了，作者要呈现这些，便不介意把时间拉伸。这就像邀请读者靠近镜头，进行慢放一样。在这个叙事过程中，通过对时间进行切片观察，也会使人有静止之感。

黑泽明拍过一部《罗生门》，讲武士携妻子过竹林，半路闯出一强盗，见色起意，并杀死武士。黑泽明让不同的旁观者各自把故事讲了一遍，每个版本都和其他版本存在巨大差异，以此暗示观众讲故事这门艺术的危险性，各人会根据自己的立场、利益，赋予故事不同的意义内涵。

意义内涵都不同了，情节之间的因果链，当然更是互相抵牾了。这提示我们注意到情节编织这个活动的主观性，或者说，时间线的主观性。它的主观性，会使基于不同立场的人，看到完全不同的图景，讲出截然相反的故事。

其实就算没什么利益相关，亲历者对同一事件的记忆也可能各有出入。和朋友亲历某件事，事后讲述时却能得出完全不同的两个版本，很多人都有这样的经验。这些我们吸纳为"记忆"的东西，除了是一个一个的事件，其实也浓缩着我们的认知模型、价值判断。

"奥勃隆斯基家里全乱了"，这是个判断。那么究竟是哪个原因导致的这个后果，妻子又是在哪个节点，对丈夫彻底失望的呢？看过书的读者可能会说，是婚外情。但后面的发展提醒我们，这两人的婚外情是完全可修复的，而且丑闻刚曝出来时，也并没有立刻使家庭跌入"全乱了"这样的结果。

作者借奥勃隆斯基的事后复盘，道出了事态发展的另一版本：多丽得知丈夫出轨后，固然很伤心，但也绝非毫无挽回余地。她仍然是心有期待的，期待某个像样的解释，或者使双方走出尴尬困境的事件。直到丈夫脸上露出了那抹蠢笑，她彻底爆发了。

那么有没有一种可能，奥勃隆斯基与多丽的婚姻危机，其实并不是因为出轨一事本身，而是另一些更致命的问题呢？

在前面的章节里，我们提到一种可能：丈夫那抹不合时宜的蠢笑，令妻子在智识上低看了他，瞥到了二人夫妻关系当中更致命的一些裂痕。那是一种身份的不称职，这一点，导致了矛盾的爆发。

如果觉得这种可能性听起来很牵强，我们不妨再举另外一个文学作品里类似的例子。纳博科夫在《洛丽塔》这本小说里，写过亨伯特夫人的出轨。

同样的出轨题材，相比《安娜·卡列尼娜》，纳博科夫的小说主观性更浓厚一些，情节性更淡一些。作者把更多的笔墨用于描绘出轨当时人的心理感受，从而也让读者更清晰地看到事后归因的运作。

在亨伯特决定移民新大陆的时候，他那个庸俗可笑的妻子向他坦白，自己的生命里还有另外一个男人，是一个粗俗的白俄前上校，在巴黎开出租车。

对于妻子，亨伯特本身是没有很深的感情的。他结婚只是为了掩盖"隐秘的激情"，即那种不被主流道德允许的恋爱趣味，结婚能使自己看起来像正常人，不至于被周围的人们非议。现在这个用作幌子的平庸女人，居然闹出了一点都不平庸的是非，她居然先自己之前，出轨了。亨伯特感觉很丢面子，似乎妻子那样一个庸俗的存在，压根不配出轨。这就像是配角硬抢了主角的戏一样，不光抢戏，还给自己乱加戏。"生命里还有另外一个男人"云云，好像她还真的有多么感情丰富。

尤其令亨伯特生气的是，自己这个本该是主角的存在，却把戏演砸了。这位男友来家里搬走行李的时候，亨伯特那种不称职（而不是被妻子背叛的屈辱感，或者痛失爱人的伤心）的感受，达到了巅峰：

> 我抱着两只胳膊坐在那儿，半边身子靠着窗台，心里痛恨和厌恶得要命。最后两个人总算走出了这套颤动的房间——我在他们身后砰地把门关上，那声震动仍在我的全部神经里轰鸣。这真是一个窝囊的代替办法，我原该按照电影里的通例，用手背猛打一下她的颧骨。我把自己的角色演得很糟……①

纳博科夫把那种微妙的异样感受，描写得非常入微。亨伯特几分自嘲地觉得，他应该像"电影里的通例"那样，展现自我。让他生气的是自己的角色演得很糟。相比于此，出轨的事实，感情破裂的现状，反而没那么重要。

如果我们从一种想当然的逻辑线上来看，出轨的事实，显然比脸

---

① 《洛丽塔》，[美]纳博科夫著，主万译，上海译文出版社，2005年，第47页。

上一抹蠢笑或尴尬、不称职的角色表现，更有理由成为一个原因。但现实和情感经常不是走直线的，而是复杂得多。

现实里的冲突爆发情景，情感和行为经常是不同步的，人在愤怒或悲伤的当时，也可能有离题万里的胡思乱想，而那些想入非非的念头反过来又导致人做出偏离常规情况下因果逻辑的举动。

托尔斯泰没有很笃定地说多丽愤怒的根本理由到底是哪一个。丈夫的出轨挑战了她的道德观，还是丈夫出轨后面对质问时的那种可笑的蠢相让她觉得丈夫配不上自己，都有可能。托尔斯泰只是给出了生活微妙体验的细节，但没有确定的归因判断，保持暧昧向度的经验描述。这是一种很忠实真相，也很精准入微的处理方法。

这种处理方法提示我们：托尔斯泰这里忠于真实感受、真实情感经验的描述，动摇了客观叙事里，他为奥勃隆斯基婚姻问题编织的因果链。看起来客观的第三人称叙事，本来给出了一个答案，但现在答案的权威性动摇了。那么基于因果认知而编辑的时间线，也会跟着动摇。安娜要来排忧解难的这个问题，到底是从哪个节点爆发的？现在整个就变得不确定了。

由此，我们发现，故事营造的事件空间，看起来是稳固、可靠的，但是串联事件空间的时间，却是纤柔的，动荡、敏感、易变的。

某时间发生的纷纭复杂的事件，它们当中到底哪个才是重要的，哪个才是牵引出后果的动因，这些都是不确定的，是摇摆的。众多有资格成为原因的可能，共同组成了一个可能性的集合。

一流作家如托翁，在艺术真实性的要求下会很注意保留空白和暧昧。他用客观叙事分享了一个符合大众认知的原因，又在人物主观叙事里提到了诱发家庭危机的其他可能性。二者不乏矛盾处，但作者凭借这种处理，却呵护了那种动荡、敏感的暧昧真实，从而使自己完成对归因的超脱，保持一种尽可能的公正立场。

就像小说引用《圣经》箴言所说，伸冤在我，我必报应。托尔斯泰自觉承担起上帝的责任，上帝的责任要求他不去对道德色彩浓厚的出轨事件立刻做出最终的道德裁决。

概括地说，出轨当然可能导向婚姻的解体，但婚姻的解体未必一定能归因于出轨。甚至婚姻关系对热情的抑制，也未必就是合于道德理想的。既然爱之热情源于过剩的生命力，那么似乎是自有其存在的合理性。只是局限于安娜当代的道德观念，未能行进至这一步而已。

在通俗小说当中我们见惯的是另外一种情形：作者不会为了某种对真实性的笃求而保留"可能性的集合"，而是让"可能性的集合"快速坍塌为一个确定的结果和权威的结论，好牵引着读者奔向下一站。前者会滋生疑惑，后者则强化注意力，而后者通常是未经深思的阅读所渴望的。

但是在文学经典里，关注到该问题的作家可能就要慎重多了。他们会由此想到更深的问题，想到那些能引发创作危机的可能道路。

从文学史角度看，这样一种"可能性的集合"，会导致人们对因果关系的再审视。休谟所谓"因果关系是种错觉"[1]，在小说创作意义上是很有解释力的。

---

[1] 参见《人性论》第三章"论知识和概然推断"，[英]休谟著，关文运译，商务印书馆，1980年。

既然我们无法断定，某一发生在前的"事件"，一定可以作为导致后来者必然发生的"情节"①，它们的关系仅仅是时间先后的关系而已，那么讲述此"后果"之前去讲述那个疑似的"肇因"，其合理性在哪里？为什么偏偏提这件事，而不是其他事？

单一维度的因果认知，如果不足以排布事件发展的进程，那么把它们串联起来的时间，到底是个什么东西，它应该如何更好地存在于文本的叙事空间当中？这个问题，会驱使敏锐的作者反思时间的本体论意义。

时间在营构叙事的空间。这个包含巨大反差的秘密，现在已经被摆在大家眼前了。纤柔易碎的时间，与坚实稳固的空间，在文学里，它们可以是二而一的关系。

普鲁斯特于是进行了史无前例的深度发掘。他把时间直接作为写作素材，并以其多变、动荡的特性，构造出一种在不同时点自由穿越的全新叙事空间。

《追忆似水年华》里吃小玛德莱娜面包那个经典段落，就是用面包这个道具，将不同情境的记忆串接到一起。名称、感受、味觉、触觉，这些触媒变成连通不同时点记忆的虫洞。时间被空间化了，抽象的概念，变成一种动荡变幻的实体。

学者乔治·普莱说，普鲁斯特创造的空间是"旋转"的：

> 墙壁在摇晃，儿童从中看到戈洛在骑马，房间在摇晃，

---

① 对情节与故事的区分，见本书第二章。

少年从中看到所爱女孩兴趣的第一个印记,最后是卧室在摇晃,焦虑的成年人在其中并在黑暗中醒来,这便是旋转的三个例子。这种旋转既是内部的,也是外部的,既是心理的,也是空间的,它在其存在的三个不同时期,同时影响着主人公的精神和他在这些时刻所在的地方。①

人在回忆时,意识是流动的,不同情境画面可以自由穿梭。这种自由既是时间本身,又是时间的创造。

小说《追忆似水年华》里洋溢着作者发现时间这个新玩具时的热情,普鲁斯特就像《盗梦空间》里的人物一样,不停地打乱、重组,穿越不同的空间。

普鲁斯特对时间非常敏感(毕竟他那部巨著名字的本义,就是"追寻失去的时间"),这种敏感,体现在他对时间线的直接排布上,更体现在他对"时间"这个概念的思考上。

汉语有个词语叫伤春悲秋。节候变化,可以影响人的心情。人们一旦在某个事物上发现时间流逝的痕迹,就会对它产生兴趣,甚至凝成心结。

普鲁斯特在小说里,也写到老祖母的审美趣味:

即使她(外祖母)有必要送人一件实用的礼物,譬如

---

① 《普鲁斯特的空间》,[比利时]乔治·普莱著,张新木译,华东师范大学出版社,2015年,第5页。

> 一把交椅，一套餐具，一根拐杖，她也要去找"古色古香的"，似乎式样既然过时，实用性也就随之消失，它们的功用也就与其说供我们生活所需，倒不如说在向我们讲解古人的生活。①

实用性消失，器物转而审美化，中间经历一种时间的酝酿，时间让事物的存在审美化了。普鲁斯特为这件器物创造了一个审美语境，读者便能从中看到时间。

许多人写小说，器物只是器物，缺少情感意味，甚至连其功能指向都不明晰。现在我们看到了，器物不只是器物，上面有时间的轮廓。桓温讲："树犹如此，人何以堪。"树不只是树，这就是诗的语言。器物被时间所化的一瞬，他的情感捕捉到了。

在实际的生活里，也确实是"物犹如此，人何以堪"的。人是情感动物，会更容易被时间所改变，目睹之便有沧桑之感。

《呼啸山庄》里，艾米莉·勃朗特要为读者讲述一段奇人奇情。对这种情感，她是这么形容的：

> 这一带的人比起城市里形形色色的人来，生活得更有价值，就像地窖里的蜘蛛比起茅屋里的蜘蛛那样。然而这种深深吸引人的地方，并不完全是对旁观者来说如此。他们确实

---

① 《追忆似水年华》，[法]普鲁斯特著，李恒基、徐继曾译，译林出版社，2012年，第42页。

生活得更认知，更执著于自己，很少去管那些表面的变化以及琐碎的外界事物。[1]

穿过很多岁月，但是这个人所关注的旨趣，抱定的信念，却始终不变。这种内在的不变，和外在的时间侵蚀，形成剧烈反差，使人物看起来像蕴含某种从前讯息的化石。人物所抱定信念的那部分，也被时间所升华了。

《呼啸山庄》讲述的爱情正是这样的。《呼啸山庄》里主要人物不多，但他们的感情纠葛，异常复杂。处理这些素材时，艾米莉并不急于编织情节，告诉读者谁爱上了谁，谁背叛了。在开始正式讲述故事前，她先给读者看那些被时间催化的对象，那些存在着爱恨纠葛的人们，现在是怎样一种生活样貌。他们的不近人情，他们的互相虐待，对命运的怒气冲冲，以及对上帝的冷嘲热讽。艾米莉向读者展示一个又一个的时间化石，再慢悠悠讲他们的爱情。

在这个过程中，等你慢慢了解他们的故事了，再去看他们被时间所摧残的现状，也会逐渐认同、悲悯乃至于佩服，他们被时间所扭曲的每一道皱纹。将近半个世纪的爱情故事，造就了这些奇异的人物个性。艾米莉很神奇地把这种感受展现了出来，也让读者深刻体验了爱与恨的共生转化关系。

时间本体既然被作者发现了，他们自然会有这样一种升维尝试：

---

[1] 《呼啸山庄》，［英］艾米莉·勃朗特著，宋兆霖译，上海文艺出版社，2007年，第56页。

把器物放进时间里看,让它那条隐藏的坐标轴,复现出来。

三岛由纪夫在《金阁寺》里写金阁寺的美,就是这么表现的。他发现,这种美不光是空间性的,有关光影、造型的,更是穿越时间的。美的存在,可以跟时间对抗,乃至于把时间也变成自身的一部分:

> 我又想起那只立于屋顶,经受长年风雨吹打的金铜凤凰。这神秘的金鸟,既不报时,也不奋飞,一定忘记自己是一只鸟了吧?然而,以为它不飞是错误的。别的鸟都在空中飞翔,这只金凤凰也应该是展开光明的羽翼,永远飞翔于时间的海洋里。时间的波浪不住地扑打着这双羽翼,接着向后方流逝。只因为正在奋飞,凤凰只要显示出不动的姿态,怒目而视,高展羽翼,翻动羽尾,用金色的双腿稳稳站立,这就够了。
>
> 这样一想,我觉得金阁本身就是一艘渡过时间大海驶来的美丽的航船。美术书上所谓"壁少而通风的建筑",就是想象为船的结构,以复杂的三层屋形船面临水池,也就是引发人们的想象,把池水当作海洋的象征。金阁度过了众多的夜晚,这样的航海无穷无尽。而且,在白昼里,这只奇异的航船停泊下来,供俗众任意游览;夜间,借助周围的黑暗,鼓起屋形的船帆,继续启碇航行。[1]

---

[1]《金阁寺》,[日]三岛由纪夫著,陈德文译,时代文艺出版社,2021年,第19~20页。

最先映入读者眼帘的是局部的造型。金凤凰经受长年风吹雨打，时间的纵深性，隐隐露出。金鸟不"报时"，功能性隐约再指向时间。再之后，金凤凰飞翔于"时间的海洋"里，时间渐次具体化，变成造型美的一部分。最后，整个金阁被想象为渡过时间大海而到今日的航船。时间成了整幅画面不可或缺的背景。

在这段满是唯美想象的文字里，时间的存在，是逐渐具体化的。而其最终的落脚点，则总会和速度相关。时间经由速度来体现，反过来说，物体在空间中的位移也有助于唤起时间。

现在再想象另一种可能：可不可以取缔时间的在场呢？

没有时间观念的空间，是很令人晕眩的。比如《狂人日记》里有段话，就是鲁迅用扭曲后的时间感知，营造怪异氛围：

> 我翻开历史一查，这历史没有年代，歪歪斜斜的每叶上都写着"仁义道德"几个字。我横竖睡不着，仔细看了半夜，才从字缝里看出字来，满本都写着两个字是"吃人"！

很多人以为这段话可怕的地方在于"吃人"，重心就搞错了。"吃人"与"仁义道德"是对称的双极，构成了互相指涉。而惊悚感的来源，在于"这历史没有年代"。

鲁迅先生这么说是有深意的。没有历史，也就没有未来，在此的人，只能因袭往日的重担。吃人与被吃，遂成了周而复始的无间酷刑。狂人所以发狂，不光是考虑到"自己也吃过人"而生出的羞耻，更重要的是，想到"将来的孩子"同样无药可救。

夏志清先生关于《狂人日记》的评论，有个很抓纲的观点：

> 故事的开端介绍说狂人"已早愈，赴某地候补矣"，作正常人的代价，似乎便是参加吃人游戏的行列。①

这正是值得读者掩卷深思的地方。狂人最后也参与了吃人盛宴，不觉得有什么奇怪的地方，见怪不怪了。换句话说，就是那个"没有年代的历史"，又赢了。

现代小说里已经涌现太多玩弄时间的高手，或者把时间写成元小说的高手了。读者们只消看一眼博尔赫斯的作品，就能对这种花活一目了然。

哪怕仅仅是修改一下感知时间的方法，都能引发很大改变。在本章结尾，我们再来看一下王维这首《山中送别》：

> 山中相送罢，日暮掩柴扉。
> 春草明年绿，王孙归不归？

山里的这位隐者，把朋友送走了。等明年春草绿的时候，王孙会不会归来呢？诗中后两句，化用《楚辞》里的《招隐士》。不过王维作了一些改动，意思变了，原诗是这样的：

---

① 《中国现代小说史》，夏志清著，浙江人民出版社，2016年，第40页。

> 王孙游兮不归，芳草生兮萋萋。

王孙出游了，没有回来，现在又是一年芳草萋萋。在《楚辞》里，描摹的风物是当下的，王孙出游是过去的一段时间，最短也经历了一个四季。芳草生兮萋萋，就有一种感叹节候转变的怅惘气息。而王维诗是把"春草明年绿"问出来，等明年春草绿的时候，你回不回？这是在假设未来的境况，是探询的口气。情绪非常稳定，语气很平淡。王维的化用与原诗唯一的不同正是时间要素，只是稍作调整，整个叙事的辞采、气色，就大为不同了。

## 第八章 杰克船长的魔法罗盘

对文学而言,地理即是情感和记忆。地理空间当中沉淀了太多记忆和往事,描述地理空间即描述附着于其上的情感。

上一章我们说到了博尔赫斯，这章继续聊和他有关的另外一个话题：地理空间。

博尔赫斯是个痴迷于"无限"的作家，他使用很多方法来制造无限。其中之一，是无限后退。他有篇挺有意思的小说《环形废墟》，就是这么干的。

《环形废墟》的标题，就已经点出了它的地理特性。主人公没姓名，干脆被叫作"外乡人"。"外乡人"是个与"土著"相对的概念，土著们在对照外乡人时，才能发现彼此身上的共性。因此这也是在强调地理特性。

外乡人来到环形废墟，是要造一个人。造人的方法是做梦，以梦为材料，用意象充实人的无数细节，直到最后他变成一个活生生的人：

> 引导他到这里来的目的虽然异乎寻常，但并非不能实现。他要梦见一个人，要毫发不爽地梦见那人，使之成为现实。这个梦幻般的想法占领了他的全部心灵；如果有谁问他

叫什么名字，以前有什么经历，他可能茫然不知所对。①

这确实是个梦幻般的想法，或许也会令读者想起《圣经》里上帝造人的景象。实际上，博尔赫斯有意将二者并置。小说后文还提到，诺斯替教派有一种造物主创造了一个失败亚当的说法，博尔赫斯显然是用这个故事比附自己的创意。

如果说《环形废墟》和《圣经》有何不同，或许就是《圣经》不热衷于创世之前发生的事，但这恰好正是《环形废墟》感兴趣的。博尔赫斯就是要展现创世前的活动。有一个笑话是这么说的：有人问上帝创世前在干什么，答曰在为提出这些问题的人准备地狱。现在博尔赫斯正面回答这个问题了。

外乡人费尽心血，造人成功。这是他的智慧结晶，他的骄傲，他的凝聚深挚情感的儿子。但这儿子有一处命门，世界上其他事物都被瞒过去了，唯有火知道，他儿子不是个有血有肉的人。

外乡人对这个命门非常忧虑，害怕哪天儿子知道自己的身世真相。不幸的是，后来环形废墟的庙宇里起了一场大火，火还是来了。只是这场火不光让儿子的真相公之于世，还让外乡人发现自己也是被别人梦出来的人。

这个故事编织了一种什么感觉呢？

它在无限回退。

---

① 《小径分岔的花园》，[阿根廷]博尔赫斯著，王永年译，上海译文出版社，2015年，第42页。

以梦造人的异乡人，自己也是个由梦造出来的人，那么他又是谁造出来的？把他造出来的那个造物者，是在环形废墟还是什么别的地方造出他来的？那个人会不会也非血肉之躯？

故事的无限回退，又进一步增加了环形废墟这个空间的诡异感。就像那些无血肉之躯的人一样，环形废墟也是个没有血肉之躯的地点。一方面，它像任何故事设定中的地点一样，可以发生一些事件。另一方面，它有递归特性，是一种概念演绎的结果，是一处不实指的坐标。

它身上所具有的那种悖谬感，或许使人想到埃舍尔画里的建筑。那些建筑的结构非常诡异，致力于呈现各种符合透视直觉却不可能存在的矛盾空间。《环形废墟》同样也是一种矛盾空间，它这种次元递归回退的特点，确保了它是无限的。

作为对比，我们再看一下狄更斯《荒凉山庄》里的伦敦：

> 四处全都是雾。雾笼罩着河的上游，在苍翠的小岛和草场间浮动；雾笼罩着河的下游，在一排排船舶间，在这个大（而肮脏的）都市河边污浊的空中翻滚，自身愈来愈受到污染。雾笼罩着埃塞克斯郡的沼泽，雾笼罩着肯特郡的高地。雾潜入了运煤船的厨房；雾隐蔽住船舶的帆桁，在大船的桅樯绳索间徘徊；雾低悬在大平底船和小划子的舷边。雾侵入了格林尼治区那些靠养老金过活的老人们的眼睛和喉咙里，他们待在收容室的火炉旁呼哧呼哧地喘气；雾钻进了待在船舱下面紧闭着的舱房里、闷闷不乐的船长下午抽的那一袋烟的烟管和烟斗里；雾冷酷地折磨着在甲板上瑟瑟发抖的他的

小学徒的手指和脚趾。偶然从桥上经过的人们，从桥栏上向外窥视着下面一片雾蒙蒙的天空，四周全都是雾气，仿佛他们乘着气球到了高空，飘浮在白茫茫的云层里。[①]

狄更斯是位现实主义大师。他笔下的伦敦，雾气缭绕，视线阻隔，在视觉上有那么点亦真亦幻，但是这丝毫不影响它的现实主义触感。我们知道，伦敦就在那里，买一张船票便可以过去，端详那里人们的生活，查验过去留下来的古迹。狄更斯似乎也没打算舍弃现实中的伦敦，然后自己重新造一个——就像博尔赫斯那样。

环形废墟和伦敦一样，具有空间，空间里也都会有些人物，发生着一些事情。但是它们又不完全一样。环形废墟有点像《爱丽丝漫游仙境》里的兔子洞，甚至比兔子洞更令人费解。我们不清楚穿过怎样的次元壁才能到那里，或者打哪里返程。我们也不知道在那里生活的人们，又是怎么过去的。环形废墟的存在，其间发生的故事，更像是一种思维游戏或概念游戏。这倒是与外乡人以梦为材料造人的活动相契合。

理解伦敦，我们可以凭借生活经验，因为它无非是成千上万个城市当中之一而已。理解环形废墟，却让我们感到烧脑。那里虽然也有沼泽，也有河流和古迹，但是好像又完全不同。

它与其说是个地理空间范畴，倒不如说是某种逻辑范畴。

---

[①]《荒凉山庄》，[英]狄更斯著，主万、徐自立译，人民文学出版社，2020年，第1~2页。

卡尔维诺的《看不见的城市》也是这样。这本虚构游记描述了几十个多姿多彩的城市，蕴含着非常之多有关城市生活的可能性。这些城市有着比伦敦更多的城市特征，但是并不像狄更斯笔下的伦敦那样具有现实触感。

卡尔维诺显然受了《马可波罗行纪》的启发。马可·波罗本人就有着喜欢撒谎的可疑名声，他那本书让读者将信将疑。而到卡尔维诺这里，已经不能用撒谎形容了。但是他纯粹的虚构，反倒像是在传达真理。因为他的描述，非常符合我们在现实里感受到的那种"城市感"，包括视觉符号、环境氛围、生活想象，等等。卡尔维诺创造了一种关于城市的总体性。那是从无数城市地理中抽象出来、从城市里生活的人们脑海中想象出来的，可以在任何城市当中发现一鳞半爪，但是又无法落实到地球某个具体坐标上的感性印象：

> 我现在要讲的城市是珍诺比亚，其绝妙之处在于虽然处于干燥地区，却完全建筑在高脚桩柱上，房屋是用竹子和锌片盖的，高低不同的支柱支撑着纵横交错的走廊和凉台，相互间用梯子和悬空廊连接，制高点是瞭望台，还有贮水桶、风向标、滑车、钓鱼杆和吊钩。①

如果我们拿博尔赫斯或者卡尔维诺小说里的地理要素，和狄更斯

---

① 《看不见的城市》，[意]卡尔维诺著，张密译，译林出版社，2012年，第35页。

这种现实主义大家作品里的地理要素作比较，会发现这些地理空间不光是看起来有差异，而且更像是分属于不同的层级。

《荒凉山庄》里的伦敦和《鲁滨逊漂流记》里某个不知名的荒岛，虽然坐标不同，但是都不会使我们费解。我们没去过那里，也可以凭借生活过的地方进行由此及彼、触类旁通的想象。

对卡尔维诺那些"看不见的城市"则不然。我们知道它们是不存在的，我们也无法像想象一个单纯没去过的地方那样去想象它们。在阅读这些作品时，我们像《加勒比海盗》里的杰克·斯派洛一样，必须借助特殊的罗盘导航，才能到那里。

比如说博尔赫斯塑造的"小径分岔的花园"，它同时是一本书和一处景观，二者缺一不可，也无法分而视之。一个花园怎么可能是一本书？如果不是胡言乱语，故弄玄虚，博尔赫斯究竟在说什么？

> "一个象牙的迷宫！"我失声喊道，"一座微雕迷宫……"
>
> "一座象征的迷宫，"他纠正我说，"一座时间的无形迷宫。我这个英国蛮子有幸悟出了明显的奥秘。经过一百多年，细节已无从查考，但不难猜测当时的情景，彭㝢有一次说：我引退后要写一部小说。另一次说：我引退后要盖一座迷宫。人们都以为是两件事，谁都没有想到书和迷宫是一件东西。"[1]

---

[1] 《小径分岔的花园》，[阿根廷]博尔赫斯著，王永年译，上海译文出版社，2015年，第92页。

博尔赫斯随后解释,"书和迷宫"就是小径分岔的花园,这个花园其实质是个谜语,谜底就是时间。时间具有无限特质,要成为时间,书就需要在其构造上体现出这一点。书的行进,或者说被阅读,自然是线性的。

那么如何才能成为无限呢?博尔赫斯继续说,只有一种方法,那就是循环不已,周而复始。书的最后一页和第一页雷同,这样就能没完没了地连续下去了。

在这种循环里,主人公面对错综复杂的可能性,每一次只能选择一种可能,由此导向一个结局。于是,在小说《小径分岔的花园》里,博尔赫斯同样为闯进来的主人公,那位名叫余准的德国间谍,安排了无限可能性中的一种,那就是来到他的祖先彭㝡创造出来的小径分岔的花园前面,杀死花园的持有者汉学家斯蒂芬·艾伯特——由此,这篇小说同样也成了花园的指涉。

《环形废墟》的故事其实也正是这样讲述的。面对这种自我指涉的矛盾空间,面对其堂而皇之出现在文学作品里的事实,我们只能放弃现实面的制图学热情,从头梳理文学作品里的"地理范畴",究竟是种什么样的存在。看看作者们在不得不使用地理元素时,什么是重要的,什么是次要的,又有什么是可以省略、归纳、提纯的。

我们不妨回到《尚书》里的一篇重要文献《禹贡》。古人一般会把《禹贡》当成区域地理之类的著作,它宣示了古人关于九州在地域、物产上的划分与统一性。不过,如果你较个真,把《禹贡》所说的地理方位和实际地理位置核对一下,会发现根本对不上。《禹贡》对九州的划分太规整了,与其说是实际的地理坐标,不如说是一种政治或神话意义的共同体想象。宋人洪迈所著《容斋随笔》，还试图从阴阳五行学说角度，分析《禹贡》作者的行文习惯。其实这也印证了相比实际，《禹贡》的象征意义更值得重视：

> 禹贡叙治水，以冀、兖、青、徐、扬、荆、豫、梁、雍为次。考地理言之，豫居九州中，与兖、徐接境。何为自徐之扬，顾以豫为后乎！盖禹顺五行而治之耳。冀为帝都，既在所先，而地居北方，实于五行为水，水生木，木东方也，故次之以兖、青、徐；木生火，火南方也，故次之以扬、荆；火生土，土中央也，故次之以豫；土生金，金西方也，故终于梁、雍。①

另一本很好玩的书《山海经》，同样表现出类似的趋向。它在体裁上是地方志，究之于内容的话则只能说算是巫祝幻想文学。

这两个文本在地理范畴上的共同点，就是尽管它们以看似客观的笔触描绘地理，但其地理是否准确，是否合于实际，其实并不重要。它们描绘的并非测绘制图意义的地理，而是某种理念的投影，或假想的投影。地理只是文本叙述的一种风格而已。

有了这样一种心理准备，你再去读《水浒传》，也许就不会觉得其地理常识的错讹百出很奇怪了。它们之所以错误，未必是作者见识短浅，或地理学知识不足（哪怕实际上确实如此），而只是因为这种

---

① 《容斋随笔》，（南宋）洪迈著，孔凡礼点校，中华书局，2015年，第4~5页。

错误对文本创作者而言没么重要。他们在遵循另外一套地理逻辑，这就像中国画不合透视法一样。中国画里的视觉元素，其空间关系是写意的，而不是写实的。画工遵循的是完全不同的规则。

实际上，《水浒传》也有着自身精当的空间地理关系。龙虎山、东京、水泊梁山，分别暗喻着小说里神权、庙堂、江湖的三极，三极间保持微妙的平衡张力。洪太尉误走妖魔，喻示乱自上起；公孙胜襄助截取生辰纲的大业，又在众好汉会聚水泊梁山后不知所终，展示了神权、庙堂、江湖的互动。地理始终都在，且并未受到忽视，只是文学作品中的地理不尽合于地理学意义上的地理罢了——不要忘了，这本书的命名方式，就是地理性的。所谓《水浒传》，即发生在水边的故事。可以说作者并没有忽视地理要素，还用之命名整个故事，他希望读者注意到文学中的地理内涵，注意到这种重新赋值的地理。

地理规定叙事张力的另一个典型案例是《三国演义》。书中的《隆中对》情节是《三国志》记载的真实文本，而罗贯中则充分挖掘了它所蕴含的戏剧性。

这份计划，为刘备划定了两大块根据地。原文是这么说的，叫作"跨有荆、益，保其险阻，西和诸戎，南抚彝、越"。"荆"是指荆州，当时荆州刘表父子尚在，是实际统治者，还收留了无处可去的刘备。"益"是益州，也自有其故主刘璋治理。诸葛亮从地图上把这两块地方抠出来，让刘备属意。后续的发展，刘备乘乱借取荆州，交付二弟关羽驻守，又从刘璋手里夺取西川，正是对这份地理规划的实现。

而这份地理规划不光有"得"的一面，也在为人物命运埋雷，甚至包括了规划者诸葛孔明自己。

"跨有荆益"的想法，在设计之初，已经暴露出两块根据地难以联动的缺陷。后来刘备果真占荆州、取西川，但遥在西川的权力中心，却不能对荆州进行有效控制。荆州方面主帅关羽的傲慢，又在不合意的时机里进一步激化了地缘政治矛盾，于是刘备侥幸得到且惨淡经营的荆州，还是落入他人之手，威震华夏的关羽本人也走向了末路。

　　随后，因急于报兄长之仇，驻守在葭萌关的张飞遇害了，刘备本人也旋即在匆忙的征讨中病逝白帝城。推其原初，皆是因荆州的地缘特点、地缘政治未找到恰当解决方案，为人物命运埋下隐患。

　　夺取西川过程中，刘备还付出了他最大的政治资本。

　　一向以仁德著称的他，此时却以并不仁德的手段，从刘璋手里抢占地盘。涪关到手后，庆功宴上刘备酒后忘形，对庞统吐露枭雄心迹："今日之会，可为乐乎？"庞统反唇相讥："伐人之国，而以为乐，非仁者之兵也。"刘备当即破防。正因他深知，此举消费了自己最大的政治资本。

　　"西和诸戎、南抚彝越"的方针，暗埋后文诸葛七擒孟获。而失去荆州的重大变故，令《隆中对》里"命一上将将荆州之兵以向宛、洛"的计划沦为泡影，最终又导向诸葛亮本人鞠躬尽瘁的孤身北伐、六出祁山，无功而返，他自己也星落五丈原了。

　　地理向度和人物命运相交织，不光是客观的历史事实，也被小说作者罗贯中在"七分真、三分假"的创作实践中注意到。这部以写计谋著称的历史小说，牢牢把控着地理向度，若即若离地使之成为形塑人物命运的重要因素。

　　这些案例不光展现了文学作家对地理要素的采纳，其实也在向我们说明，地理在作家这里，到底是个什么范畴，何以他们的地理知识不完善不写实，同时又能很看重地理这个要素。

为说明这个问题，我们不妨再举几个西方文学当中的例子。

学者弗朗戈·莫雷蒂做过一项工作，他把巴尔扎克小说里的巴黎画成地图册，跟随情节发展绘成人物动线。这些地图显示出《人间喜剧》里一些常见的设定安排：塞纳河的左岸，是外省来的穷困年轻人会聚之地，他们的梦想就是混进巴黎西部和西北部的上流圈子。小说的叙述张力，即围绕地图主轴产生。

莫雷蒂使我们更直观地看到巴尔扎克对地理要素的认真态度，地理是有意味的，和人物的野心、欲望、处境交相关切。那个巴黎大致上是符合真实地理坐标的巴黎的，但区域分布上，又被灌注了别的东西，变成彻头彻尾的巴尔扎克的巴黎。

如果读者再把巴尔扎克笔下的更多写实的巴黎，同雨果笔下那个涵盖着乞丐王国的巴黎相对照，就会发现当他们塑造一个作为故事展开场景的巴黎时，巴黎绝对不会是世界上任意一个地方，而是唯一的地方。在"忠诚于现实"这个维度上，两人固然存在极大差异，但作者对地理要素的严肃态度，却并无高下之分，不会存在谁比谁更严肃的问题。他们笔下的巴黎尽管不同，却都是真实的。

这个"不同"，也不是"从不同角度看到同一个巴黎不同侧面"的那种不同，而是两个各自独立的、个人化的城市。

换言之，作家们的城市，是一种可自主编辑其情感内涵的符码系统。

投射进不同情感内涵的城市，会展现不同样貌，其方位可能也会与真实坐标大相径庭。即便如此，作家赋予的那种人和地理之间的情感空间如此摄人心魄，以至于这个情感空间变成了最重要的东西。人们不会因为一个作家的地理坐标不符合真实测绘对其求全责备，相反，如果少了这种情感蕴含，再重视现实情况，也有可能给人以虚假之感。

而这一点，当然也是符合人们对地理的情感认知逻辑的。地理空间如果是陌生的，则它是否存在，与我无关，世界的画卷也未向我展开；如果是熟悉的，它对我来说就是某种唯一、独特的东西。

《儒林外史》里的周进，屡试不第，年华蹉跎，中举成了他一生的执念，无以自解。于是，与朋友访游贡院时，他破防了：

> 周进跟到贡院门口，想挨进去看，被看门的大鞭子打了出来。晚间向姊夫说，要去看看。金有余只得用了几个小钱，一伙客人都也同了去看；又央及行主人领着。行主人走进头门，用了钱的并无拦阻。到了龙门下，行主人指道："周客人，这是相公们进的门了。"进去两边号房门，行主人指道："这是天字号了，你自进去看看。"周进一进了号，见两块号板摆得齐齐整整，不觉眼睛里一阵酸酸的，长叹一声，一头撞在号板上，直僵僵不醒人事。[1]

对周进来说，贡院不是随便某个地方。贡院是自己徒劳人生的隐

---

[1] 《儒林外史》，（清）吴敬梓著，浙江古籍出版社，2010年，第15页。

喻，使他在社会上蒙羞，具有令人心痛欲绝的情感内涵。我们常说"伤心地"，一个地名提起来就使人伤心，这也是常有，至少是可收获同情理解的情况。作家对地理的复原，与此类似。

刘震云以"出延津记"和"回延津记"来结构自己的小说《一句顶一万句》，地名成为一种图腾式的意象。在那里生活的人们，经历太多挫折、痛苦、伤心、失意后，几乎失去活下去的念想，只有上路离开，摆脱延津的重力。一代人过去后，无常的命运，却又总能阴差阳错，把情感的进程带回这里：

> 吴摩西再一次感到自己有家难回，有国难投。这时他突然想起早年的私塾老师老汪，便想去宝鸡找老汪。一是老汪当年也是因为伤心，离开了延津；虽然两人伤心的事由不同，老汪当年是因为小女儿灯盏死了，突然要离开延津；吴摩西过去不理解，现在把巧玲丢了，就理解了；虽然一个是孩子死了，一个是把孩子丢了，但都是孩子没了，两人的伤心也有共同之处；老汪当时一直往西走，到了宝鸡，不再伤心。二是在自己认识的人中，别的人都与自己烦闷的事有联系，唯有一个老汪，与这些无关；见到老汪，不用再解释过去。于是在郑州火车站打张车票，欲去宝鸡找老汪；一是投奔熟人，马上有个落脚处；二是像老汪一样，彻底离开伤心之地，对过去有个了断。[1]

---

[1] 《一句顶一万句》，刘震云著，长江文艺出版社，2009年，第206页。

胡安·鲁尔福的《佩德罗·巴拉莫》则为读者们展示了一种最极端的情况。

这篇小说里，主人公受弥留之际的母亲的委托，来到他从未见过的故乡，寻找自己的父亲佩德罗·巴拉莫。这里纠缠着生者与死者，是情感使这些人维系于这样一个地方，包括叙述者自己——这位父亲的私生子，介入这个地方的唯一通路也是情感，即融入这些生者和死者的故事当中：

> 往昔我是根据母亲对往事的回忆来想象这里的景况的。她在时异常思念故乡，终日长吁短叹。她总是忘不了科马拉，老是想回来看看，但终于未能成行。现在我替她了却心愿，来到这里。我是带着她见到过这儿的东西的那双眼睛来的，她给了我这双眼睛，好让我看到："一过洛斯科里莫斯脱港，眼前便呈现一派美景，碧绿的平原上铺着一块块金黄色的成熟了的玉米地。从那儿就可以看见科马拉，到了夜里，月光下土地呈银白色。"[1]

母亲的讲述是一块拼图，还需要借助许多死者的讲述，科马拉的过去和当下才能完整：

---

[1]《佩德罗·巴拉莫》，[墨西哥]胡安·鲁尔福著，屠孟超译，译林出版社，2011年，第2页。

"不,米盖尔,你没有发疯。你一定已经死了。你还记得吧,有人对你说过,这匹马总有一天会要了你的命的。你回想一下吧,米盖尔·巴拉莫。也许你当时是发了一阵疯,不过,这是另一回事了。"

"我只是跳过了最近我父亲叫人砌起来的那座石墙。当时要走上大道必须绕过石墙。为了不绕这么个大圈子,我让科罗拉多(马的名字)越墙而过。我记得很清楚,马跳过石墙后,一直往前奔驰。但是,正如我刚才跟你说的那样,我只看见无穷无尽的烟雾。"①

上面引文的第一段话,出自说话时已经死去的爱杜薇海斯太太。这是她对自己生前一个生活片段的回忆。在这个片段里,米盖尔找到她,并说了下面一段话。此时米盖尔已经骑马出事,死掉了,但米盖尔自己还未意识到。爱杜薇海斯太太向米盖尔解释完他已经骑马摔死了这个事实,又接着说,你的父亲佩德罗·巴拉莫,会为你的去世悲痛欲绝。到了天亮前,这位父亲果然派人过来传信,央求爱杜薇海斯太太前往他们家给儿子陪灵。

鲁尔福突破了传统小说写作的时空观念,把不同时间、地点发生的事件列入同一画面。死者们的讲述里又会出现更早的死者纠缠,读者无法区分,自己听到的关于科马拉的故事里哪些较真实,哪些更

---

① 《佩德罗·巴拉莫》,〔墨西哥〕胡安·鲁尔福著,屠孟超译,译林出版社,2011年,第28~29页。

假，只能接受它们同等的真实——比如在情感和记忆层面上，它们同样真实：

实际上，鲁尔福是把过去作家们欲说还休的真相彻底剖开了：对文学而言，地理即是情感和记忆。地理空间当中沉淀了太多记忆和往事，描述地理空间即描述附着于其上的情感。

地理和其他的精神事物一样，可以捕捉、概括，也可以塑造、虚构。比如《包法利夫人》的副标题就叫"外省风俗"。所谓"外省"，是相对巴黎而成立的，带着一点可笑的土气、猎奇感，以及落后对时髦之物的追逐。地理向度规定着小说的主题范围，包法利夫人的悲剧或多或少便是一种"地理上"的悲剧。

身处这样一种较为封闭的环境，周围生活的全是古板的俗人，自己也未接受过更好的教育。包法利夫人怀着被古板生活压抑已久的热情，把对潮流的向往、对罗曼蒂克小说故事情节的向往，当成人生的真谛。

再看《佩德罗·巴拉莫》，我们会发现地理的情感向度，被极大程度地加强了。

非理性的情节被塞进故事国度，而并不使小说风格显得突兀怪异，不使科马拉听起来像是地球上并不存在之地，不使作品看起来像是某种幻想类型小说，唯一的原因便是：情感和记忆打破了原先构成地理要素的原子，然后重新把这个地方创造出来了。

对文学而言，地理要素的写实性，和遵从现实地理中的真实细节，不是必然相关。作者完全可以抽离它的地图学意义，来进行情感化的演绎。

如果读者理解这一点，再去理解约克纳帕塔法县，或者高密东北乡这种高度概括的现实虚构之地，便会更容易把握其真实与虚构间的张力。福克纳笔下的约克纳帕塔法县或莫言笔下的高密东北乡，与简·奥斯汀或哈代笔下的英国乡村，它们存在着本质性的区别。

奥斯汀是把"乡间村庄的三四户人家"当成一种写作命题的规定性。她熟悉的技艺，她的灵感，无不来自这里。她之所营所构，也务须遵循一种忠诚，以求在现实里发现击中其性情的戏剧性。甚至到了巴尔扎克或者左拉那里，他们那么庞大的写作星系，也依然是这般运作的。稍显笼统地讲，这些写作实践都可归结为某种写生。

但约克纳帕塔法县或高密东北乡已然是另一种面貌了。在有心营造、刻意虚构之下，它们已不再是地图上的某个坐标，而是半脚踩进虚空里，成为一种凝练概括的文化意象了。其自由度之大，不只体现为空间关系决定某种故事的发生，更是用发生的故事去虚构或增生更复杂的空间关系。写作的结构与素材的空间也可以联动，产生元叙事之类的写作。

沿着这条路线再往前一步，理解卡尔维诺或者博尔赫斯式的文学地理，是不是也变得容易了呢？

某种意义上说，"看不见的城市"之所以看不见，正在于卡尔维诺是把"城市"这个词语处理为一种普遍性的实体，在此高度上写城市的。没有哪个城市可以跟卡尔维诺的城市对上号，但是我们又总能从它的极为景观化的符码当中，看到似曾相识的意象，甚至预见到自己所处的城市的命运。

而"小径分岔的花园"之所以不可能存在，是因为博尔赫斯已经把它抽象为一种甚至在空间关系之上的逻辑关系了。文本空间和建筑空间，要如何变成可以混用搭建的材质？那就只能是继续回退，回退到逻辑关系层面上。凡是可以进去，或者用更电子化的术语讲，凡是能够读取的对象，都是可通约的空间。

游戏《赛博朋克2077》里，有一个叫千寺狐的NPC。千寺狐原本是现实中一位模型师，后来因病过世，母亲根据其遗愿，完成儿子遗体及眼角膜捐赠。波兰的游戏公司在网络上了解到这位中国玩家的故事后，在游戏里塑造了这个人物以纪念。死去的玩家在他喜爱的游戏空间里得到赛博永生。

书和花园之间有互通的桥梁，现实与电子游戏也一样。由此一个人物才能在不同性质的空间中穿梭自如。

借助网络小说、电子游戏等流行文化，我们不难理解如"开挂""进系统"等词语的含义。如今，故事的主人公完全可以在一觉醒来穿越到某个具有后台系统的世界之后，找到系统自主调参。乃至于故事人物打破次元壁谋杀作者之类的元叙事写作，也变得不那么生涩了。

/第九章/
物象：帽子就是要戴在头上

对读者而言,阅读是能动的。我们经常说一个词"脑补",勾勒器物之用,即是为脑补提供思想的素材。

作家把所见和欲写之器物,诉诸笔端,就是物象。

物象一旦呈现在读者面前,就会被要求逼真,写出来要跟真的一样。这是一场用语言技巧再现现实的战斗,怎么才能逼真?

可能有人会下意识地认为,尽可能地复刻实物的每一处细节,细节越多,物象就会越逼真。不过到底是不是这样,还是得经过写作实践的检验。

文学史上刚好有一个流派,是以追求细节的逼真与堆叠、标榜追求绝对的客观性著称,这就是自然主义。福楼拜是其中的代表,他的写法,有时几近于照相术。

他的名作《包法利夫人》里,有一段描写帽子的文字,刚好作为现成的例子:

> 我们有个习惯,一进教室,就把帽子扔在地上,好腾出手来;而且帽子非得一进门就扔,从凳子底下穿过,一直飞到墙角跟,扬起一片灰尘;这叫派头。
>
> 可是这做法,新生不知是没注意到,还是不敢照做,直

到祈祷完毕，他仍把帽子放在并拢的膝盖上。这顶帽子是个杂拌儿，有点像毛皮高统帽，有点像波兰骑兵帽，又有点像圆筒帽、獭皮帽或棉便帽，反正看上去挺寒碜，那副讳莫如深的丑样儿，活像一张表情让人莫名其妙的傻瓜的脸。帽子里面有撑条撑着，胖鼓鼓的像个椭球，底下先是三箍轮缘形饰边；而后交替镶拼着丝绒和兔皮的菱形方块，中间用红道隔开；再往上就是口袋似的帽筒，顶上是块硬板纸的多边形，上面绣着图案复杂的饰带，然后从帽顶垂下一条极细极细的长绳，下端荡着金线编成的小十字架。帽子倒是新的；帽檐闪着光。[1]

对夏尔的帽子，福楼拜写了非常多的客观细节，撑条怎么样，交替镶拼着丝绒和兔皮的菱形方块怎么样，诸如此类，都被他照顾到了。不过从读者接受的效果来看，似乎并不能很具体地想象这样一顶帽子。福楼拜堆砌了太多的词语，这些词语反倒遮蔽了器物的形象，到最后，我们几乎快要看不到帽子了。

乔治·斯坦纳说，假如托尔斯泰来描写这顶帽子，他会把那些冗长的描写全部删掉，只留下最后一句："这是一顶崭新的帽子，帽舌闪闪发光。"

如此一来，读者的眼前确实出现了一顶帽子，我们也很容易想象

---

[1] 《包法利夫人》，[法]福楼拜著，周克希译，华东师范大学出版社，2015年，第3~4页。

它的帽舌闪闪发光的景象。因为它很符合心理的真实。

《道德经》里有一段探讨器物的话,说得很有意思:

> 埏埴以为器,当其无,有器之用。
> 凿户牖以为室,当其无,有室之用。①

陶器因为做成了中空的样子,才有器皿的作用;开凿门窗建造房屋,因为有了门窗四壁内的空虚部分,才有房屋的作用。器物这些"有"的形态部分,给了实体;但恰恰因为"无"的部分,才有了它们的用途。它们被人类生产或改造,当然是为了拿来用的,"故有之以为利,无之以为用"。

这段话说得非常玄妙。倘若对器物做一番观察认识,我们也许得承认这么一个事实:器物的存在意义,不只包含它被看到的实体,还有它的功用。实体能用眼睛看到,功用是看不到的。

功用是一种人与物的互动关系。回到日常经验中看,帽子是用来戴的,这是它的"用",是物和人发生交互的部分。如果你想呈现好一顶帽子,让听众和读者理解它,那你就得把它的"用"给展现出来。这是器物不可或缺的一个部分。

退一步讲,某样不是帽子的东西,只要承担了帽子的作用,也会被认作帽子。比如说动画片里的人物把木桶戴到头上,观众也就不再把它视作木桶,而是当成帽子了。器物之用,有时候比器物的存在,

---

① 《老子注译及评介》,陈鼓应著,中华书局,2009年,第100页。

更有存在感。

不光老子注意到了这点,西方的写作者同样意识到了。

莱辛曾经指出,荷马作品中的物象,有一个显著特征:荷马对物品的描述始终是充满活力的,利剑的挥舞总是以使用者挥舞的手臂作为衬托。

利剑不是孤立的,它是人手臂的延伸,是实现特定目的的媒介。利剑是利剑的功用。如果利剑之用没有出现在具体的场景当中,观者很容易就把它当成别的东西了,就像老子说的"当其无,有器之用"。

在实体器物转化为文学意象后,这个看不见的"用"的部分,就会变成审美。审美的力量很强大,这种主客关系一旦建立起来,甚至可以使人罔顾器物客观意义上出现的失真。《伊利亚特》中有一处尤其恰当的器物细节描写,正合此旨:

阿基琉斯有面金盾,是神造的武器,上面绘有"黄金的泥土在农人身后黝黑一片,恰似新翻的耕地"。黄金材质的盾牌理应是黄色的,上面雕刻新翻泥土的图案,为什么能够呈现出"黝黑一片"的质感?这就是审美在对人发挥作用。审美提供认知模型,它可以扭转人的注意力,令失真的客观呈现,在满足心理期待后达到一种乱真的效果。

钱锺书对此有一番高论,谓"意足自能颜色具"。在主观上、审美上捕捉到器物的"意",观者便会自动脑补,不求工而自工了:

《荷马史诗》描摹一金盾上,雕镂人物众多,或战阵,或耕耘，有曰："犁田发土，泥色俨如墨。然此盾固纯金铸也，盖艺妙入神矣。"美学论师赞叹为得未曾有，审美形似之旨已发于此两句中……墨梅之"草玄能白"，与古希腊人言白粉笔能画出黑人肖像，尤其相映成趣。①

高手用白粉笔画出黑人肖像，观者犹赞叹其逼真；俗手亦步亦趋，忠于器物实体的每处细节，观者却只觉呆板。这些例子充分说明了，精准传达器物之用的巧手们，如何通过勾勒人、物关系来达到逼真的目的。

对读者而言，阅读是能动的。我们经常说一个词"脑补"，勾勒器物之用，即是为脑补提供思想的素材。

托尔斯泰学到了荷马的精髓，他的小说里无数场景当中那些令人印象深刻的物象，那些人物的音容、表情的细节，也是通过类似的方式构建起来的。而且，这种逼真性，丝毫不妨碍作者传达风格，流露性情。

托尔斯泰塑造那些难忘场景时，其笔端通常也会有或深情或淡淡嘲讽的情感流露，是不难于被感知的——读者既感受到了逼真性，也察觉到作者的态度语气：

> 巨大的书房放满了东西，显然都是常用的。一张大桌子上堆着书籍和图表，几个玻璃书橱的橱门上插着钥匙，一张

---

① 《谈艺录》，钱锺书著，商务印书馆，2011年，第33页。

供站着写字用的高桌子上有一本打开的笔记本,还有一台旋床以及分别摆开的工具和散落在周围的金属碎屑——这一切都说明,这里经常在进行多种多样的秩序井然的工作。那只穿着绣有银色花纹的鞑靼式皮靴的不大的脚的动作,一只枯瘦的青筋暴露的手稳稳地抵压着什么,显示出公爵这位精神矍铄的老人仍然拥有顽强的坚持不懈的力量。旋了几圈之后,他把脚从旋床踏板上放下来,擦干净刀具,把它扔进挂在旋床上的皮口袋里,走到桌旁,把女儿叫了出来。①

上面这段描述,充分显示出托尔斯泰是观察和捕捉物象的高手。房间里所有陈设,无一不是指向和人物相关的某种连接,包括情感上,功用上,人物性情上,等等。

高桌子是供站着使用的,玻璃书橱的橱门刚刚动过,书籍和图表显示出主人的旨趣与生活日常。他的循规蹈矩,他的刻板律己,他退休后的过剩脑力……所有这些"无"的东西,被托尔斯泰精准捕捉到,放诸"有"当中,通过文字描述的这些器物而体现出来。

仿佛这些器物即将等着主人使用,或者刚刚被使用过,还留有余温一样。

由此,读者便感到,这些器物被写得真实可触。

托尔斯泰对物的捕捉和对人物的塑造,背后遵循着一致的创作方

---

① 《战争与和平》,[俄]列夫·托尔斯泰著,娄自良译,上海译文出版社,2011年,第104页。

法，那就是从情感经验入手，并深信这种情感经验的普遍性。

学者米尔斯基评论道，托尔斯泰感兴趣的东西是心理意义的，而非民俗学的：

> 仰仗托尔斯泰对内心生活的关注，尤其仰仗那些很难为通常的自省所把握的更微妙体验，托尔斯泰现实主义的普遍性得以增强。当这些感受和体验被捕捉并用语言表现出来，会产生一种特别强烈的感觉，即意外的熟悉，似乎作者洞悉了读者最私密、最直接、最难以表达的情感。[1]

心理意义和民俗学，二者有什么区别？

后者感兴趣的是器物的客观性，前者感兴趣的是人物在主观上如何把握那些器物。民俗学的器物是疏离的、殊异的；心理意义则时刻关注人和物的互动关系，因此易于在不同背景的人们心中，勾起心理上的普遍性。

从阅读经验上来说也确实如此。作为异域作家，托尔斯泰并不使我们感到陌生，包括他笔下的那些器物也一样。日常生活里我们也会坐上一把高脚椅，打开一方书橱，抽出一本书。它们形制不一样，在心理上连接物和人的功用却是一致的。我们能理解它们形制层面的殊异，却不会对这些东西的存在本身感到生涩费解。

---

[1]《俄国文学史》，[俄]德·斯·米尔斯基著，刘文飞译，商务印书馆，2020年，第343页。

老安德烈公爵的古板和律己，他摆弄器具的方式，跟我们本民族文化中同阶层同类型的人物具有高度一致性，我们能感知后者，也就能理解前者。许多时候我们还会为托尔斯泰创造了这种熟悉感而分外惊异。

仍以帽子作为比喻。如果想借写一顶帽子去实现更多内涵，比如说人物塑造，就尤其要勾勒出它的用途属性。比如说，帽子的款式可以彰显潮流或过时，进而说明物主的身份或阶级。总而言之，一顶具体的帽子必须戴在一个具体的人头上，哪怕它只是放在橱窗里，也是在等待它潜在的具体的主人。

反过来说，如果模糊掉它的功用属性，而只是不厌其烦地捕捉那些所谓的客观细节，进行貌似不带感情、实则与事件无关的描述，那么这些语言，这些词语，最终反而会阻碍我们对物象的把握，不利于营造真实的质感。

刻画物象，使之给读者留下鲜明印象，这是每个作家都必须通过的写作课。据传福楼拜曾给学生莫泊桑留了一堂功课，要求刻画其在森林中见到的一棵树，使之不与其他树相混淆。要做到这一点，照相术一般的一比一复制也未必奏效，只会令这棵树和其他树一样缺乏记忆点。

但文学上确实也有一种办法，令莫泊桑面对的那棵树脱颖而出，那就是赋予其独特的情感记忆。当桓温抚着曾经种下的柳树说"树犹如此，人何以堪"的时候，那棵树一定是唯一的，是能够轻易地和别的树区别开来的，因为它带有情感的温度，蕴含着独特的记忆。

器物是符号的容器，它总能装载一些精神层面的东西。对文学而言，物象通常也渴望承载一些东西。

盖茨比和旧日的恋人黛西再度重逢时，说站在他现在的别墅里，碰上没有起雾的天气，能看到黛西家里那盏不灭的绿灯。在小说结尾，这盏绿灯再次亮起：

> 我想象着盖茨比在黛西的码头上，第一次认出那盏绿灯时所感受到的惊奇。他走过了漫长的道路才来到这片蓝色的草坪，他的梦想曾经显得近在咫尺，唾手可得，几乎伸手就可以抓住。①

海湾的西半岛住的是暴发户，东半岛住的是"老钱"。盖茨比眼中所看到的绿光，不只是未曾得到的爱情，更包含着出人头地、个人实现，以及各种有关美国梦的想望。菲茨杰拉德将这些复杂内涵，都倾注于绿灯上，以至于读者脑海中不自觉浮现出绿灯在雾中明灭的景象。

马尔克斯很懂得使物象留下深刻记忆点的技艺。他经常看起来只信手一挥，就能使笔下物象给读者留下深刻记忆：

> 他拖着两块铁锭，口中念着梅尔基亚德斯的咒语，勘测那片地区的每一寸土地，连河床底也不曾放过。唯一的挖掘成果是一副十五世纪锈迹斑斑的盔甲，敲击之下发出空洞的

---

① 《了不起的盖茨比》，[美]菲茨杰拉德著，刘峰译，译林出版社，2012年，第161页。

回声,好像塞满石块的大葫芦。何塞·阿尔卡蒂奥·布恩迪亚和一起探险的四个男人将盔甲成功拆卸之后,发现里面有一具已经钙化的骷髅,骷髅的颈子上挂着铜质的圣物盒,盒里有一缕女人的头发。①

这段文字层层深入,向读者展示了四个叙事层:最表层,阿尔卡蒂奥听信吉卜赛人的推销,拿着铁锭勘测出一具盔甲;第二层,盔甲被剥开,里面包着一具骷髅;第三层,骷髅颈子上挂的圣物盒出现在勘测小队眼前;第四层,打开圣物盒,里面还有一缕女人的头发,即河床上还埋葬了一段远古磨灭的爱情故事。读完这段转进流畅的叙事后,读者很难不对阿尔卡蒂奥的行为留下深刻印象。

在游戏《黑暗之魂3》中,制作者宫崎英高会为玩家打怪得到的每一件装备,认真编辑一段文字描述,并将其存在合理地嵌入整个游戏故事的世界观中。于是,拿到装备后,玩家会有强烈的稀缺感,他对游戏所叙述的那个世界也更投入了。

而另一款游戏《刺客信条:奥德赛》提供的装备更多,其款式设计也许还有更多美术细节,但这些装备只是无数把刀剑中的一款而已。它们就像这个游戏系列本身一样,是一种量产的流水线产品,面目模糊,高度同质化。

于是,游戏结束后,玩家能记住在《黑暗之魂3》里获得的大部

---

① 《百年孤独》,[哥伦比亚]加西亚·马尔克斯著,范晔译,南海出版公司,2011年,第2页。

分装备及其背后的故事渊源，会觉得自己确实"拥有"了一把宝剑。但是《刺客信条·奥德赛》提供的武器却很快被玩家忘掉，过几天连形制都想不起来。

二者的区别就在于，《黑暗之魂3》里的武器是玩家"握在手中"的。玩家能清晰感知到它与自己的情感连接，这便是其逼真性的基石。《刺客信条》却没有做到这点，那些道具都只是些"大路货"，对玩家而言它们仅仅是一些参数组合罢了。

除了上述福楼拜那种繁琐的不当，文学作品里还出现过很多完全失败的范例。作者呈现了某个场景、某个对象，但读者不会信以为真，或无法认真对待。在那种情境里，物和人之间完全不具情感连接，语言和现实也就此分道扬镳。像《西游记》和许多话本小说里，就充斥着这一类的环境及器物描写：

> 话说唐三藏幸亏龙子降妖，黑水河神开路，师徒们过了黑水河，找大路一直西来。真个是迎风冒雪，戴月披星。行够多时，又值早春天气。但见：
>
> 三阳转运，万物生辉。三阳转运，满天明媚开图画；万物生辉，遍地芳菲设绣茵。梅残数点雪，麦涨一川云。渐开冰解山泉溜，尽放萌芽没烧痕。正是那：太昊乘震，勾芒御辰；花香风气暖，云淡日光新。道旁杨柳舒青眼，膏雨滋生万象春。①

---

① 《西游记》，（明）吴承恩著，人民文学出版社，2010年，第540页。

"但见"后面的景致描写，乍一看花团锦簇，实际上只是些华丽辞藻。梅、麦、山泉、花香、杨柳云云，都无法当成眼前实景，整篇都是些成说套话。说书者卖弄这么多看起来像是道景的辞藻，无非讲一句"早春到了"而已。

它们似乎是批量生产，在说书人认为需要出现的位置，随意调用。这样的贯口如果出现在话本表演中，或许是为了活跃气氛，调换节奏。但若以小说描写的笔法衡量之，无疑是失败的，几乎没什么存在价值。

这种同质化的诗文描写大量出现，最终效果就是语言的运用反而减损了物象的质感。

《西游记》里那些妖怪夸饰自己的法宝兵器时，每每动辄出口成诗，洋洋洒洒，读者却并不会动心，甚至还时常产生一种突发的诙谐。物象的质感，在读者一声轻笑中，烟消云散。猪八戒的九齿钉耙，真就成了对农具的夸张变形。

反观鲁迅先生《铸剑》里写宝剑现身，则是"窗外的星月和屋里的松明似乎都骤然失了光辉，惟有青光充塞宇内。那剑便溶在这青光中，看去好像一无所有"，寥寥数语，亦真亦幻，剑锋剑气自动弥漫纸间。究其实际，也仍旧是从体验角度，而不是堆砌细节辞藻来完成的。

器物和人的连接，器物经过时间后产生的磨损，器物与器物之间的互动，都是诉诸心理而能唤起读者共鸣的物象。当它们出现在叙事当中，能使读者设身处地，揣摩人物，乃至于代入人物的生活情境：

> 她母亲站在一群孩子中间，跟她先前出门去参加联欢游行的时候一样，俯身对着星期一就该刷洗的一盆衣服；家里的脏衣服老是从星期一拖拉到周末才被洗掉，眼前这一盆也不例外。苔丝身上现在穿着的这件白色连衣裙本来也在这个盆里浸着——她穿得不注意，在湿漉漉的草地上把裙裾弄脏了——是母亲昨天从盆里取出来亲手洗净、绞干、熨平的，想到这些苔丝非常懊悔。①

苔丝的懊悔和自责不是全部一次性涌出，而是一阵强过一阵的。

哈代很懂得使用时间，他告诉读者，这一盆待浆洗的脏衣服，已经放了一周。而苔丝那件白色连衣裙却得到提前浆洗的待遇，出于什么样的原因，作者不言自明。

苔丝在外联欢、游行、跳舞，这些原本是青春洋溢的自然流露。但母亲在家劳累，家庭的窘境不允许快乐自然释放。现在她从外面的青春洋溢中抽离，回家看到眼前一幕，心里产生一种把快乐罪恶地建立在母亲的劳累之上的愧疚感。白色连衣裙（联欢、游行）和脏衣盆（家庭窘境）很自然地连接在一起。连接它们的不光是器物的功用，还是人物的不同形象侧面。

作家所写物象，除了有是否逼真的考量区分外，还有一处值得留意，那就是这些器物的叙事功用。出现在小说里的器物，应该物尽其用。

---

① 《苔丝》，［英］哈代著，郑大民译，上海译文出版社，2011年，第21页。

《封神演义》小说写得很不好,但故事却被人津津乐道,原因就在于斗法斗宝吸引人。斗宝可以给画面带来动感,使故事活起来。这也是很多民间传说、童话故事乃至于武侠小说常用的手法。

卡尔维诺注意到,在骑士传奇《疯狂的奥兰多》中,读者能看到数不胜数的剑、盾、盔、骑,这些东西不断易主,其所有权的转移构成了书中的故事情节,也决定着许多人物之间的相互关系:

> 一件物品在故事中出现时,它就具备了一种特殊力量,变成了磁场的一个极或某个看不见的关系网中的一个眼。①

写实的小说追求物象真实感,这容易理解。幻想小说天马行空,写的本来就是不存在的物事、开脑洞的情景,难道也需要真实感吗?

还真就是这样。愈是奇思异想、天花乱坠的世界观设定,就愈加需要巩固读者们对"真实感"的期待,否则一露馅就白忙活了。

中国古代小说里有一篇《古镜记》,整个故事围绕一面有法力的古镜展开。古镜当然是幻想产物,但是它第一次出现在读者眼前就让人感觉真实可触,像是确实有这么一面神奇的镜子一样:

> 镜横径八寸,鼻作麒麟蹲伏之象,绕鼻列四方,龟龙凤虎,依方陈布。四方外又设八卦,卦外置十二辰位,而具畜焉。辰畜之外,又置二十四字,周绕轮廓,文体似隶,点画

---

① 《美国讲稿》,[意]卡尔维诺著,萧天佑译,译林出版社,2012年,第34页。

无缺,而非字书所有也。侯生云:"二十四气之象形。"承日照之,则背上文画,墨入影内,仙毫无失。举而扣之,清音徐引,竟日方绝。①

这面镜子跟福楼拜的帽子一样,有大量的细节描写,为什么它就能促进读者的想象,而不是阻碍其对物象的捕捉呢?

首先,在镜子上雕刻文字、图案,很符合古人对日常生活里镜子的认知。古镜在这部分范式相同的前提下,雕刻的内容却很古朴,烘托出了一种古代神兵的气氛。一面有法力的古镜,似乎就应该是这样。

其次,注意作者的写法,他对古镜的描述是存在严格的秩序感的。镜鼻上是什么,围绕着镜鼻又是什么,四方、八卦、十二辰位、二十四字,细节被严格列布在清晰的秩序关系下,读者的注意力就不会失焦。

在写完这些后,作者还不忘从使用体验上切入,邀请读者"过过手",上手把玩一番,又是"承日照之",又是"举而扣之",纯粹出乎想象的一面古镜,也就被写得跟真的一样了。

除了串起情节、关联人物关系,使画面充满动感外,对物象的呈现在许多作品当中也会演变成故事类型的典型视觉符号。比如宽檐帽、香烟常成为美国硬汉派小说的标志;而一提到左轮手枪,人们便

---

① 《古代小说鉴赏辞典(上册)》,董乃斌、黄霖等编撰,上海辞书出版社,2004年,第213页。

会联想到西部牛仔的故事；至于监控探头、可植入假体，则暗示读者/观众正在进入一个赛博朋克世界。

读者和观众们在看过足够多类型故事，其阅读经验中存了足够多的叙事模版后，会对这些器物产生期待。这也是让人意外的地方。老套的情节一方面会让读者们昏昏欲睡，但另一方面又会满足读者的期待。武侠小说里如果没有一本像样的武功秘籍，读者会觉得不够味；如果一个武侠故事里突然出现了枪炮，恐怕会有相当多的读者难以接受。

这些器物符号的存在，标识了故事的类型，也充当拥趸们的身份言说。

读者会穿上故事中人物的衣服，DIY英雄们的同款装备，敷演故事的情节，乃至于创作IP下的同人文。这些小说激起读者的热情，器物便打破次元壁。有时候读者的热情是如此之高，反而把因写作相同桥段而心生倦怠的创作者们衬托得不够尽职。

通过这种对比，或许我们还能发现，阅读的两极——作者和读者之间——还存在着权力的较量，对类型文学或IP小说尤其如此。读者们期待着熟悉的物象再次被运用到新场景中，而优秀的作家呢，又总想尝试点新鲜的，发现些陌生的。

高手甚至会鄙视那些只会玩弄相似把戏的同行。天才总是喜新厌旧的，这是激情所致，也源于对创作的高标准。

/ 第十章 /
真正严肃的哲学问题只有一个

正是因为死亡无法逃避,英雄们必须在短暂一生中另寻抵达永恒的通路。

## 第十章 真正严肃的哲学问题只有一个

真正严肃的哲学问题只有一个,那便是自杀。

这是加缪的话。其实质含义,是从命运手中夺回生的主动权。

加缪在西西弗的生活里看到人生境遇的映照,他把这种境遇总结为一个关键词:荒诞。

西西弗触怒神灵,死后被罚推巨石上山顶。每每在他要登顶时,这块石头又滚落山坡,西西弗只能从头开始。加缪觉得这就是人生,相对于继续磨洋工和受罪来说,"自杀以自身的方式解除了荒诞,把荒诞拽住,同归于尽"[1]。

荒诞问题看起来像是一种生的压迫,即困惑于如何去生活。推巨石的劳作固然艰辛,更严峻的问题在于做这件事毫无意义。大家在生活里应该也有类似的感触,做那些没有意义的垃圾工作是最累人的。

对西西弗来说,目标是实现不了的,巨石滚下山坡是周而复始的,做无意义的垃圾工作不光累,而且让人显得可笑。西西弗失却了

---

[1] 《西西弗神话》,[法]加缪著,沈志明译,上海译文出版社,2013年。

奋斗目标。如果不能自决以求终止，他的生活就只剩下背负的苦役。这就是他所面对的压迫感：活着，但又被剥夺了去活着的资格。

假如人所能做的，以及最终导向的结局都是被规定的，再去重复这些，其意义何在？

类似的心境在古希腊神话里可以说非常普遍，也关涉到其间所蕴含的核心议题——命运议题。

古希腊人所说的命运，即一个主体理应享受的份额。人和神皆有自己的命运，事先规定，无法改变，即使宙斯也只能促成命运的实现，而无法出手更改既定命运的走向。是以当他俯瞰人间，坐视自己的儿子萨尔佩冬被帕特洛克罗斯杀死，也并不出手相救。他知道，这就是萨尔佩冬的命运，是无人能改变的：

> 命运很少与人交往，也不与人通话，它的能量及其实施不以人的意志为转移。人可以祈求或吁请神灵帮助，但他们一般不祈求命运，因为命运嵌入他们的生命和生活之中，不是那种可以通过吁请改变的东西。①

命运是一种规定性，也决定着人和神的分途。人和神承担截然不同的命运，人再羡慕神，也不能成为神。既然不能成为神，就需要在更悲惨的规定性下，过一种相对神而言次等的生活。大多数情况下，命运是暗沉沉的，在其降临前无法被看清。于是人就茫然而痛苦地，

---

① 《荷马的启示：从命运观到认识论》，陈中梅著，北京大学出版社，2009年，第9页。

存在于这种前定的残酷性当中。

在现代世界与此相近的规定性下,加缪看到了类乎羞辱的寓意。死亡,反倒成了高贵的解脱。最低限度上,自杀者可以说顶住了外界施与的规定性,是自己选择的结果。

加缪对死亡的态度,某种意义上正是阿基琉斯的回声。

阿基琉斯提前知晓命运终局,依然主动赴死。阿基琉斯和俄狄浦斯的悲剧在这个层面是相同的,即他们都有无法更改命运的规定。不同的是,阿基琉斯又确实做出了自己的选择,明知一去不回,他还是选择了战场。这种主动选择,是对客观存在的死亡的一种回应,也是对命运的回应。

> 女神啊,请歌唱佩琉斯之子阿基琉斯的
> 致命的愤怒,那一怒给阿开奥斯人带来
> 无数的苦难,把战士的许多健壮英魂
> 送往冥府,使他们的尸体成为野狗
> 和各种飞禽的肉食。[1]

活着时是有生气的人,死了就是喂饱野狗和飞禽的尸体。一个人活着的时候可以耀武扬威,可以长袖善舞,可以不可一世,可以顾盼生姿,但死了就是死了。死亡无法逃避,英雄们必须在短暂一生中另寻抵达永恒的通路。

---

[1] 《荷马史诗·伊利亚特》,[古希腊]荷马著,罗念生、王焕生译,人民文学出版社,2020年,第161页。

阿基琉斯对赫克托耳说,我知道等待自己的命运。他接受了命运,选择了死亡这个终极问题。这当然算不上最好的结果,但不失为有力的结果。

荷马对阿基琉斯的这种严肃性,给予完全的肯定。战场放大了死亡的紧迫感,英雄们在这种死斗当中,表现出各种闪光的品质。

> 佩里托奥斯之子,强大的波吕波特斯
> 掷出长枪击中达马索斯的铜颊头盔,
> 铜盔没有能挡住投枪,投枪的铜尖
> 却一直穿过了他的头骨,里面的脑浆
> 全部溅出,立即制服了进攻的敌人。[1]

投枪的铜尖,被穿过的头骨,溅出来的脑浆。这就是死亡。

荷马平静地呈现了死亡的面目。呈现英雄倒下的篇章始终维持画面的稳定。深沉的悲悯心和不动声色的情感克制,共同照见了死亡的残酷。读者或者能推想,这也是等待阿基琉斯的命运。后世只有托尔斯泰或者海明威有同等的手笔,像荷马这般直视死亡之残酷。克制而非宣泄情感,保持一种平静的风度。

《伊利亚特》里最轰轰烈烈,可能也是最残酷的一幕,是赫克托耳之死。他生前是国家的栋梁,人民的英雄,道德的典范。只要有他在,特洛伊城便不会陷落。但是最终赫克托耳被怒火中烧的阿基琉斯

---

[1] 《荷马史诗·伊利亚特》,[古希腊]荷马著,罗念生、王焕生译,人民文学出版社,2020年,第319页。

残忍杀害，尸体还遭其蹂躏。

赫克托耳的父亲普里阿摩斯一共生育了五十个儿子、十二个女儿。这场战争夺走了普里阿摩斯的儿女们，其中他最悲痛的便是赫克托耳的死亡。这不光是丧子之痛，赫克托耳死后留下的真空，也预示着国家的灭亡。而普里阿摩斯就是怀着这样的悲痛，深夜潜入阿基琉斯的兵营，乞求对方归还儿子的尸体，以便能够安然下葬的。

这幅画面，是凡人面对死亡这一话题最令人感怀的刻画，至今读来仍旧令人动容。但即便是在这里，荷马也仍然是冷静的。也许不是平静，但确实是冷静，即通过克制内在的强烈情感，保持风度。

乔治·斯坦纳精辟地评论道：

> 荷马从不为了情绪的需要而牺牲视觉的稳定性。普里阿摩斯和阿基琉斯相见，表达了各自的悲痛。但是，他们接着想起了酒和肉。我们看到，阿基琉斯说到了因丧子而悲伤度日的妇女尼俄伯："当她大哭一场之后，她会记住吃饭。"荷马用直截了当的语言，表达了对生活事实的忠实，拒绝表面上使人感动的描述，这一做法传达了他灵魂深处的痛苦。[1]

荷马既不要求，也不给予事实之外的任何救赎，只有对事实的描述，他以此铸就自己的公正性。他不把终极问题推给任何人类以外的偶像，而是独力面对死亡那片未知的空洞，并将这种生死观、命运

---

[1] 《托尔斯泰或陀思妥耶夫斯基》，[美]乔治·斯坦纳著，严忠志译，浙江大学出版社，2011年，第67页。

观，投射到他所讲述的众英雄身上。

阿基琉斯在此迎来自己的高光时刻，也成为一种典型形象。他象征着凡人甩开众神的枷锁，直视连众神都回避的命运。他无法不死，但他仍旧可以选择。他最终选择了自己所认同的尊严和荣誉。

在荷马看来，伟大是可以铸就的，其前提是背负起重担，在有死的界定里活得更像样。古希腊英雄重视荣誉，为荣誉而嫉妒、争抢，即源于此。诸神的轻浮浪荡，在凡人积极去生的映衬里显得尤为卑下。神无需面对死亡的恐惧，永生把生之意义的问题延宕了。但是也因此，众神失去了任意凡人都有的去生的资格。

于是荷马完成了一项意义非凡的倒置：因为死亡介入，凡人比众神显得更加崇高。正如朗基努斯所说的，荷马将其描述的人提高到神，把神降低到人。

"凡人独力面对死亡"这样的命运观，造成的另一效果是荷马那种独特的悲悯味得以呈现。

阿基琉斯追杀赫克托耳，是整部作品的高潮。诗中写雅典娜对赫克托耳说出有翅膀的话语：

> 亲爱的兄弟，捷足的阿基琉斯如此快步，
> 绕着普里阿摩斯的都城把你追赶[1]

---

[1] 《荷马史诗·伊利亚特》，[古希腊] 荷马著，罗念生、王焕生译，人民文学出版社，2020年，第594页。

赫克托耳不是在别的地方逃命，正是在他父亲的城墙之下。"普里阿摩斯的都城"，这个说法不只是格律的要求，在词意上也构成了一种残酷的反讽。这是他父亲的城邦，曾给他快乐和幸福的地方。他拼上命保护的所有人，都必须眼睁睁看着死亡对他的追逐。亲人们还要目睹恐怖的敌人对这位可敬之人尸体的蹂躏：

> （阿基琉斯）他把赫克托耳的双脚
> 从脚踝到脚跟的筋腱割开穿进皮带，
> 把它们系上战车，举着那副辉煌的铠甲[①]

荷马从不肯放过那些关键的细节，即死亡对死者本人意味着什么，在其亲友当中又会造成怎样的情感后果。

赫克托耳初次出征回来，面对娇妻幼子，一身戎装吓坏了孩子。荷马随后写道，赫克托耳脱下戎装，换上便服。换便服的动作是切换身份，也是主动融入家庭氛围的一个重要细节。荷马的悲悯意味，通过这些可供观察的细节向读者表露出来。他在引导读者的视线和想象的重点。

加斯帕·格里芬独具慧眼地注意到：

> 荷马中的许多勇士都被杀死在无力营救的友伴身边。在

---

[①]《荷马史诗·伊利亚特》，[古希腊]荷马著，罗念生、王焕生译，人民文学出版社，2020年，第601页。

"理性"层面上,这是再自然不过的结果了,因为《伊利亚特》中所展现的战斗方式就是大片激战中的双人决斗;但结果它却唤起了深切的怜悯之情。[1]

怜悯源自既成事实的无可挽回性,源自听众们要关注的细节,也源自作者、听众(读者)同样是人的事实。听众和读者们知道,自己和英雄一样,也需独力面对冷酷的死亡,共情便由此而来。

承担这项苦涩的重任,绝非每个凡人都衷心所愿。晚于《伊利亚特》几十年的《奥德赛》里,连阿基琉斯也后悔了。面对探访地府的奥德修斯,阿基琉斯一脸悲伤。他觉得成为游魂之王实在没什么趣味,甚至不如生时受人雇用,替别人耕种田地。

即便活得非常精彩,死亡投下的深重阴影依然笼罩在人们心头。怎么办呢,有没有逃脱局限性的最终解决方案?这个问题,始终萦绕于心。

宗教史学家伊利亚德注意到原始人"对时间的恐惧",有生就会有死,这是一种"存在的痛苦"。进一步推想,"诞生—死亡—重生"的轮回观念就成形了。

为了消解这种恐惧,也就是消解死亡,就需要"跳出轮回"。这种想法便分离开了此岸世界与彼岸世界。假如彼岸世界是更真实、更值得驻留的,此岸世界必然会被映衬得不值得:

---

[1]《荷马史诗中的生与死》,[英]加斯帕·格里芬著,刘淳译,张巍校,北京大学出版社,2015年,第143页。

> 此在的世界是虚幻的、短暂的，是轮回的世界，是充满着痛苦和无知的世界，是由时间驱动的世界。逃离此在的世界获得救赎，那就等同于摆脱宇宙的时间。①

获得救赎变成了逃离现世的同义语，这便是原始宗教解决死亡问题的办法。这种做法的代价，显然就是对存在、对此岸世界的全然否定，人生的荒诞也就不言而喻了。人生是荒诞的，意义在救赎的那一边。

如果不把"意义"作为问题的答案，则找到一种方法持续性地延宕死亡的到来，也会是一种解决问题的思路。

这有点像是对众神存在的效法。虽然暂时不为神，但不妨追索成为神的办法，或者换一种我们中国读者更熟悉的说法，追求长生之术。

求长生显然是《西游记》的另一条主线。对唐僧师徒而言，《西游记》是取经故事；对妖怪而言，这则是他们孜孜以求长生术的故事。唐僧肉是长生术的答案，所以他们才会会聚在取经路上。对妖怪而言，这种行为没什么可羞耻的，孙悟空在取经前也曾百般求取长生术。

有学者指出，《西游记》并非单一完整的故事，而是多个各自生成的故事组成的故事群落。②这其中故事之一，就是孙悟空追求长

---

① 《形象与象征》，[罗马尼亚] 米尔恰·伊利亚德著，沈珂译，译林出版社，2022年，第79页。
② 具体内容参见《西游故事跨文本研究》，赵毓龙著，中国社会科学出版社，2016年。

生术。他求长生的态度,大约也能代表妖怪们的意见,即长生术也算是一种"果业"。从这个角度看,孙悟空打妖怪,则近乎"饱汉不知饿汉饥"了。或许妖怪们会抱怨,你自己爽到,当然不用吃唐僧肉了,那我们怎么办?

所幸孙悟空是在遇上唐僧前执着于长生术。为了达成永生,孙悟空做了多种尝试,寻师访友,偷丹摘桃,还到地府勾了无常簿。他捅下的娄子恐怕一点也不比吃唐僧肉小——毕竟在玄奘之前,取经人被吃的事情已经发生过很多次了。

这一系列充满童趣的神话深受读者喜爱,或许也反映了国人眼中死亡的多重面向。

比如寻师访友以求实学,很有儒家的入世进取色彩。孔子有句形容自己的话:"其为人也,发愤忘食,乐以忘忧,不知老之将至云尔。"我这个人啊,发愤忘食,乐以忘忧,每天都在忙着做具体的事情,都不知道老之将至。孔子又说:"未知生,焉知死?"活着的问题还没想明白,思考死亡就多余了。这就是通过专注于入世,把死亡这个命题给刻意忽略掉,算是一种比较糊弄的解决方案了。

孙悟空三更访师,化用惠能公案,则映照国人对"开悟"的迷恋。这也是一种常见的迷思,即相信那些得道高人可以参透生死。换句话说,我虽然没想明白,但总有人已经明白,等哪天开悟了,我也一样明白。即是说,死亡并非不可克服的难题。也许在世界的某个角落,已经有某位开悟的圣贤克服掉了,只是他不与外人道其间的法门而已。

偷丹摘桃,不光渗透了丹道学说,也有点中医学里本草入药的自然亲和性，可谓药食两用、益寿延年了。

无常簿就更明显不过了。大家都知道阳世有编户齐民，既然活人需要编户以通过社会关系证明其存在，接受官府的管控，在地府的群鬼，也大抵如此吧。这种档案管理哲学，挑明了说就是安排死人的活法。不光活人不曾死，连死人都在继续活，只是也许更悲惨罢了，大约算是一种生不如死吧。

吴承恩所呈现的超越死亡，是多维度叠加的、对存在性危机的逃逸。

不过耐人寻味的是，大问题最终也没有通过以上任何途径得到解决。求长生这条赛道就错了。孙悟空确实一次次实现了他追求的目标，但是最终还是被如来所制服，压到山底下了。

长生没求成，还失去了自由。这种惩罚，是不是跟西西弗的结局相映成趣呢？后来幸亏有取经项目，给了孙悟空一个重获自由身的机会。最后他仍需通过一趟"脚踏实地"的取经路，来抵达终极的目标。

于是作为故事群之一的求长生故事，刚好可以成为后文对其他妖怪抢夺唐僧肉以求长生的回应。也就是说，即便在孙悟空这里，问题的解决也不表现为通过长生来延宕死亡问题，而是一种"意义的寻回"。孙悟空找到比长生更值得做的事情了，到这里，问题才得到解决。

这种无心插柳的目标似乎暗示着，长生术是不存在的，对死亡问题的解决，仍需回到在生的经验上直视之的思路上来。

一个人倘若像阿基琉斯那样，在身后湮没的长寿与声名长存的早天之间做选择,无非是更高维度上臣服于命运的表现。假如能够把命运的枷锁一同解构,死便有更好的理由,生也具充沛的意义。宗教伦理的论证即沿着这样一种理路,如《失乐园》中所说:

> ……上帝使你完美无瑕,不是
> 不可改变,他造就你善,但他又把坚持
> 善的权力交给你,赋予你与生俱有的意志
> 自由的权力,不受无法摆脱的命运控制,
> 或绝对必然性的支配。[1]

命运的枷锁被解除了。生的意义不再受绝对必然性所支配。现在人可以选择生活,选择善了。宗教的介入,确实曾一度使这个暗沉沉的问题变得答案清晰。彼岸和救赎,在此世被标示出来,道路有了,也不用非得彻底否定存在。关键看行路之人有无信念去过窄门。

但这并非毫无代价。大天使警告亚当,要顺从。凡人必须匍匐于主的脚下,接受引领。

希伯来式的谦卑,代替了古希腊式的天真骄傲。这个严肃的回答,带来更严厉的后果。对阿基琉斯而言,最严肃的问题是选择怎样地奔赴死亡;但是在但丁看来,人类没有自杀的权利。

《神曲》里地狱的第七层第二环,是自杀者的收容所。根据描述,这里的树叶不是绿的,而是黝黑的颜色。树枝也不是直溜光滑

---

[1] 《失乐园》,[英]弥尔顿著,刘捷译,上海译文出版社,2012年,第202页。

的，而是疙疙瘩瘩、曲里拐弯。树上没有果实，只有毒刺。当但丁试图折断一根树枝，才知道这些怪树，乃是自杀者的身体所化：

> 于是，我把手稍微向前一伸，从一棵荆棘上折下了一根小枝子，它的茎就喊道："你为什么折断我？"它被血染得发黑后，又开始说："你为什么撕裂我？难道你没有一点怜悯之心吗？我们从前是人，如今已经变成了树。假如我们是蛇的灵魂，你也应该比方才手软些呀。"①

加缪视为严肃的"自杀"，在宗教这里，是难以背负的代价。

但丁描绘了这惊悚的场景，还写那折断的树枝的伤口同时还流出血来。换取彼岸平静的代价，就是把一半的自己交付出去。这种托管式的谦卑，是否为世俗当中试图严肃生活的人们所能承担？

不只死后的惩罚更残酷，约伯的故事向我们表明，凡人不光没权利自杀，甚至不能自主决定如何去生。

耶和华摆弄约伯的命运，毁了他的一切，财产、仆人、七个儿子、三个女儿，仅仅因为他要和撒旦打赌。约伯绝望已极，愤恨已极。他甚至自诅其诞辰，而艳羡死亡：

> 受患难的人为何有光赐给他呢？心中愁苦的人为何有生

---

① 《神曲·地狱篇》，[意]但丁著，田德旺译，人民文学出版社，2002年，第96页。

命赐给他呢?他们切望死,却不得死;求死,胜于求隐藏的珍宝。他们寻见坟墓就快乐,极其欢喜。①

约伯似乎没有做错任何事,但是没做错,不代表你做够了。没把正确的事情做够,这依然是一种"不达标"。约伯想自主了断,被耶和华一顿教训,那些认为约伯做错的人同样被上帝怒斥。在此观照之下,人和人的平等,即表现为平等地承认自己的局限性,也表现为由这种局限性而诱导出的绝对谦卑。

《无间道》里,曾志伟饰演的韩琛曾问他的小弟阿仁:"你有没有遇见过这种人?不知道他什么时候对你好,也不知道他什么时候要你死。"《圣经》里的耶和华,也庶几近之了。

在宗教解决方案里,死并非可以求的自决,而属公义的一部分。约伯一通牢骚,最后依然不能如愿死去。他要认罪,要自责,"因此我厌恶我自己,在尘土和炉灰中懊悔",要把没做够的部分,补上来。

《圣经》文学拿走了古希腊文化里普罗米修斯式的反抗。谦卑既已是底色,骄傲便是最大的罪过。只不过,普罗米修斯式的精神并不是真就从人性中、从文学里绝迹,而是又幻化成弥尔顿笔下的撒旦。

拿撒旦比较普罗米修斯是西方文论里经常出现的话题,韦布洛夫斯基一语中的:英雄主义反抗的不是艰难险阻,而是神的全能

---

① 《圣经·约伯记》。

本身。①

撒旦所犯的错是通常被视为七宗罪之首的骄傲，其牵动的，实则正是阿基琉斯身上的那种精神。一定程度上，阿基琉斯确实是蔑视了众神（如果仍未蔑视命运的话）。古希腊、希伯来合流后，这种"蔑视"已经很难做到了。后来的西方文学需要经过浪漫主义、恶魔派、象征派的挣扎，需要尼采重估一切价值，到加缪这里，"自杀是严肃的哲学问题"方能堂而皇之地讲出来。

如此蛮横的铁律难免指向对自身的否定，特别是在时间侵蚀下，人们也会像解构命运那样解构神权。

小说《教父》里有一个很精彩的情节。教父柯里昂的军师阿班丹多病危，教父赶往医院见他最后一面。阿班丹多对死亡极度恐惧，又深信教父无所不能。两人一见面，阿班丹多就哀求教父别让自己死掉：

> 唐默不作声，阿班丹多说："今天是你女儿结婚的日子，你不能拒绝我啊。"
>
> 唐的声音沉静而郑重，穿透他亵渎神灵的胡言乱语。
> "老朋友啊，"他说，"我没有这种力量。要是有，我肯定比上帝更加仁慈，你要相信我。但是，我不畏惧死亡，不畏

---

① 《路西弗与普罗米修斯：弥尔顿的撒旦形象研究》，[以色列] R.J.茨威·韦布洛夫斯基著，吴雁翔译，崔梦田、郝田虎、黄嘉音校，浙江大学出版社，2020年。

惧地狱。我将每晚每早为你的灵魂望弥撒。你的妻子和女儿也会为你祈祷。有这么多人求情,上帝怎么会惩罚你呢?"

骷髅般的脸露出奸诈得让人厌恶的表情,阿班丹多狡猾地说:"这么说,你都安排好了?"

唐冰冷的声音毫无安慰之意:"别亵渎神灵,你要认命。"①

神灵不可亵渎,但是也没必要过多深究。它只是变成了一种传统,一种生活习惯而已。

教父说,我将每晚每早为你的灵魂望弥撒。如果这么说不是出于世故,那么就是在其看来,对生死问题的思考已经远非凡人所能胜任。既然如此,那就存而不论吧。阿班丹多奸诈,实际上教父更奸诈。他许诺的空头支票在死亡面前露了底,这就是他一瞬间凛若冰霜的根本原因。

另一个为死亡问题困扰的人是那位敏感优柔的丹麦王子——哈姆莱特。

哈姆莱特是见识过死亡的人,他见识过父亲的亡魂,所以知道死亡是怎么回事。一个人如果未做忏悔便死去,死后就会承受常人难以想象的痛苦。②正因意识到这一点,哈姆莱特没有在叔父忏悔时刺

---

① 《教父》,(美)马里奥·普佐著,姚向辉译,江苏凤凰文艺出版社,2014年,第243~244页。
② 根据其亡父的自述:"……就在罪孽深重里一命抛黄泉,/来不及接受圣餐,作忏悔,涂油膏,/不曾能结算,还戴着满头罪孽,/就给赶到上帝跟前去清账。"《莎士比亚四大悲剧》,[英]莎士比亚著,孙大雨译,上海译文出版社,2018年。

杀他，从而失去了最好的复仇机会。

我们经常引用一句话：悲剧就是把好东西摔碎给人看。这话放在哈姆莱特身上非常合适。他具备着文艺复兴时期，天才们在人身上发现的诸多优点，而这些优点最终却只是讽刺性地促成并强化了他性格当中的优柔寡断。

在这种性格促成下，复仇一再被延宕，哈姆莱特留给世人一副多愁善感、犹豫不决的面孔。以至于那段著名的情感抒发，也只能成为荒诞的反讽：

> 人是多么神奇的一件杰作！理性何等高贵！才能何等广大！形容与行止何等精密和惊人！行动，多么像个天使！灵机，多么像个天神！万有的菁英！众生之灵长！[1]

他也尝试把自己作为手段，化身复仇。这一想法如能成功，哈姆莱特也就完成了对古希腊悲剧英雄的回归。然而这种渴望注定是失败的，他面对的是全新的问题、全新的世界、全新的死亡面孔，尤其是全新的对"人"的定义。被复兴的文艺当然不可能是最初的那个文艺。

哈姆莱特之所以不肯决意行动、亲身复仇，不光是因为存在之诸般好，更因为死亡这个问题变复杂了。

---

[1] 《莎士比亚四大悲剧》，[英]莎士比亚著，孙大雨译，上海译文出版社，2018年，第62页。

哈姆莱特经验了两次死亡。第一次是目睹父亲的死亡与亡父鬼魂的显灵，第二次才是复仇后的安息。这对哈姆莱特而言意味着什么？

其一是受人拥戴、智勇双全的丹麦王子死掉了，命运给他带来了复仇的唯一使命。他也许要像阿伽门农之子俄瑞斯忒斯那样，亲手了结上一辈的血债。①同样的使命召唤着哈姆莱特向古希腊悲剧英雄回归。

但这重经验到的死亡，还为哈姆莱特带来第二重含义：人死后是有灵的。

亡魂如果未经正确的仪式处理，是有可能死后不得安息的。彼岸的问题有了明确的方向，在死亡的阴影中，人不再只思考怎么活，还要考虑死后的归宿。这种对彼岸问题的牵引，导致哈姆莱特无法在叔父忏悔时杀死他，因为这无疑是反而成全了这个恶人。哈姆莱特也由此错过了最好的复仇机会。

但就最保守的结论讲，优柔寡断的王子，最终确实复仇成功了。

莎士比亚像他的先辈荷马那样，把英雄送到了征途的终点。更妙的是，莎士比亚让英雄在终点多停了几分钟。事件结束了，英雄的内心归于平静了吗？他心中的羔羊是否还在鸣咽？哈姆莱特能否像阿基琉斯一样不再愤怒，放下心中的重担？

回答是苦涩的。

---

① 依据古希腊神话，阿伽门农为顺利出征特洛伊，献祭了自己的女儿伊菲革涅亚。此举激化了他与妻子克吕泰涅斯特拉的矛盾。战后归来，克吕泰涅斯特拉串通情夫埃吉斯托斯，合谋杀死阿伽门农，阿伽门农之子俄瑞斯忒斯也遭放逐。长大之后，俄瑞斯忒斯为父报仇，杀死了母亲和埃吉斯托斯。

结论不光没有变得明晰，反而比踏上征途之初更加扑朔迷离了：

> 啊，我死了，霍瑞旭；
> 强烈的毒药压倒了我的元阳；
> 我等不及听来自英格兰的消息；
> 可是我预言福丁勃拉思将膺选
> 被拥戴为王：他有我临终的推举；
> 告诉他这经过的情形，事不拘大小，
> 激得我这么做。余外的只是沉默。[①]

哈姆莱特认为，自己的复仇是有必要，也是有资格传诸后世的，就像古代英雄们的盛举那样。除此而外，"余外的只是沉默"。这沉默中蕴含的深意，比说出的更多。

文学史行进到现代主义以后，"死亡"的面孔越发模糊。

《变形记》里格雷戈尔确乎是死了，但他死于一场不可思议的神迹，使这死亡也连同一起变得别具内涵。

《黑暗的心》里，库尔兹什么时候死的，这是一个说不清的话题。因为早在身体死亡之前，其内在就已经干枯，变成了一个遥远而抽象的声音。在此之间，良心将泯灭而未泯灭时，死亡变成什么了？

---

[①]《莎士比亚四大悲剧》，[英]莎士比亚著，孙大雨译，上海译文出版社，2018年，第166页。

或许是变成了一种道德失败主义：那些不知道怎么活的人，实质上已经死去。

这不只存在于经典文学殿堂，更是一种可辐射、弥漫到通俗读物的大众情绪。

雷蒙德·钱德勒在《漫长的告别》里，有这样的话：

> 你行事很地道，人品也很地道，可你身上不知什么地方就是不对劲。你有你的为人准则，你也总是遵守准则，可这些准则仅仅是你个人的。它们与任何的伦理规范或道德顾忌都不相干。你是一个善良的人，因为你有一颗善良的心。可你与流氓无赖为伍就跟你同正人君子作伴时一样开开心心——只要那些流氓英语说得还算溜，餐桌上的举止还算得体。你是一个道德上的失败主义者。[1]

其精彩程度，丝毫不亚于那句评论海明威的话：你们是迷惘的一代。这是对生的回答，也是关于死之疑惑的一幅永恒剪影。

---

[1] 《漫长的告别》，[美]雷蒙德·钱德勒著，宋金译，上海译文出版社，2017年，第370页。

# 第十一章

## 超越庸常

他们划过高空时照亮了别的人,也带来了破坏性,其间所蕴含生之激情,那种迷人的东西,也使读者激动不已。

古希腊神话里有个太阳神之子法厄同的故事。

世人嘲笑法厄同的出身,说他父亲并不是太阳神赫利俄斯,而是某个不知名的凡人。法厄同悲愤已极,找到父亲求安慰。赫利俄斯说道:"为了证明你是我的儿子,我将送你一件礼物,不管你提的要求是什么,我都答应你。"

法厄同非常高兴,说:"那请允许我驾驶您的太阳飞车吧。"法厄同刚讲完,他父亲就后悔了。太阳飞车非常危险,普通人压根驾驭不了,儿子的愿望无异于送死。但法厄同坚持己见,父亲无奈之下只好答应,并千叮咛万嘱咐地送儿子登车。结果法厄同在兴奋中驾着太阳飞车,脱离轨道,酿成大祸,最后自己也车毁人亡。

奥维德在《变形记》里重述了这个故事。结尾处,他情感细腻地写道:

> 远离故乡、在天的另一方的厄里达诺斯河收容了他,洗净了余烟未熄的脸。西方水上的女神,掩埋了他那遭到雷殛、并且还冒着烟的尸体,在他的墓上立了墓碑,并勒铭如

下:"墓中死者,维法厄同,乘日神车,翱翔太空,其殁堪悲,其志维雄。"[1]

奥维德把法厄同的悲剧刻画得非常凄美。故事中可能也还蕴含着某种道德训诫,比如父辈应及时遏制过分的溺爱,或超乎能力的野望可能使人送命等。但在奥维德的叙述里,这个故事更多表现为一种审美性的悲剧。

奥维德似乎不忍心对死者施加过多批判。相反,他强调女神细心整理其遗容,将其体面下葬,似乎这才是更重要的事情。墓志铭几乎是很正面地对法厄同的行为给予了肯定:其殁堪悲,其志维雄。结局是悲惨的,但志向却是令人钦佩的。

法厄同要求驾驶太阳飞车,表面来看是一种确认自身血统的渴望,其实质含义则是要完成对庸常的超越:我血统高贵,从这一刻起,我将告别从前的暗淡,做配得上自己高贵血脉的事。这血脉对法厄同而言,即是命运的召唤。

按照荣格的理论,神话是集体无意识,其中蕴含着我们的心理类型和行事风格。神话学家约瑟夫·坎贝尔在《千面英雄》里写道:

"历险的召唤"标志着命运对英雄发出了召唤,将他精神的重心,从英雄所处的暗淡无力的社会,转向了未知

---

[1] 《变形记》,[古罗马]奥维德著,杨周翰译,上海人民出版社,2016年,第56页。

的区域。[1]

总有人察觉到，自己身处"暗淡无力的社会"，但不是所有人都甘心于此。那些更有执行力的人，就会在机缘降临时，想办法超越平凡的生活。

不妨回忆一下《霍比特人》的故事：

比尔博在袋底洞过着安宁祥和的生活，作为一个霍比特人，他原本可能一生如此生活。巫师甘道夫来了，带给他一个关于远方的任务。这很艰险，但在这个艰险的旅途中，他将成为英雄。比尔博慨然应允。命运的齿轮开始转动。

或许你也曾等待过命运降临的那一刻。

对每个人来讲，都存在这样两个可能的世界，一个是早已熟悉的世界，平静祥和，但也"黯淡无力"，庸常得有些无聊。另一个是未知世界，它将是凶险的，旅程是艰苦卓绝的，但那种广阔和可能性，却激发人的想象。

你会忍不住遐想，踏上征程后，自己将成为一个不一样的人。昭示命运的声音引领我们拔离庸常的生活，但结局如何，却又是无法保证的。

女性承担的"庸常的压抑"比男性更甚，其中超凡脱俗者更是被内心的热情驱动，不遗余力盼望超越庸常生活。就像乔治·艾略特在

---

[1] 《千面英雄》，[美]约瑟夫·坎贝尔著，黄珏苹译，浙江人民出版社，2016年，第48页。

《米德尔马契》中说的那样,她们"降生到了人间,但没有找到自己的史诗,无法把心头的抱负不断转化为引起深远共鸣的行动"[1]。

激情过剩的人总是执着于寻找自己的史诗,长时间的压抑只会更甚地激发心底的想象力。些微暗淡的符号,于是被解释出无穷玄妙的想象。

《包法利夫人》的主人公爱玛,正是这样的一类人物。构成其冲动的生命力,可以在法厄同的神话当中找到镜像。

很多读者把《包法利夫人》当作一个偷情的故事来读。一个声名狼藉的女人,一次又一次出轨,直到害得丈夫破产、自己身亡。从情节上,这么描述不算错。小说出版之时被认定其违反公序良俗、三观不正,甚至曾经冒犯到法国当局,作者福楼拜还为此一度官司缠身。

但这些,并不是包法利夫人这个人物的全部。如果读者设身处地站在她的角度看发生在自己身上的一切,可能会有不同的想法。

爱玛从小在修道院长大,在她成为包法利夫人之前,曾接受关乎各种美德的严苛教育和熏陶。这段少女时光里,她熟读那些描写浪漫爱情或异域历险的小说,这些小说塑造了她的心智。

《米德尔马契》中有段话,很适于形容爱玛的内心处境:

符号只是可以计量的小东西,但对它们的解释却可以漫

---

[1] 《米德尔马契》,[英]乔治·艾略特著,项星耀译,人民文学出版社,1987年,第93页。

无止境，对于天性温柔热烈的女孩子，每个符号都能唤起惊讶、希望和信仰。[1]

那些浪漫小说所提供的符号正是这样一种东西，它们进入了她的精神世界，为她远超常人的生活激情提供了形状。当她渴望摆脱那种庸常的、循规蹈矩的生活时，那些书本成了思想的资源，其交付给她的那些观念与品味，就是判断生活意义的尺度。全新的三观被塑造出来，她感觉自己的史诗已经找到了。

爱玛走向自己的婚姻时，所抱持的正是这样一种心理期待。她希望自己过上书里的生活，鲜花舞蹈，淑女绅士，深情告白，随处给人以内心悸动的仪式感。作为一段幸福生活的开端，婚礼当然是生命中的永恒时刻，必须有一种可贵的美灌注其中。她希望婚礼在半夜举行，火把点满，照亮天空。她希望有情调，有仪式感。对她来说，这一刻的耀眼和永驻，那才是人生的真谛。

她周围的人是否能理解这一点呢？显然是不能的。

那些在外省生活的普通人，跟其他地方的普通人没什么区别。在他们看来，婚礼只是婚礼，一个更热闹的节日。婚礼嘛，乡邻们举行过千百次婚礼，这次能有什么不同？无非是亲友聚会，热热闹闹。在他们看来，鲁奥老爹的这位女儿相貌出挑，精明强干，就是脑子里时常转一些莫名其妙的想法，比如"婚礼在半夜举行"，就算是其中

---

[1] 《米德尔马契》，[英]乔治·艾略特著，项星耀译，人民文学出版社，1987年，第23页。

一种。

爱玛的生活情境,她的交际圈子,这些邻居,用福楼拜的话说,是一个非常典型的"布尔乔亚"群体。

纳博科夫如此解释福楼拜语境下的布尔乔亚:

> 福楼拜笔下的"布尔乔亚"这个词指的是庸人,就是只关心物质生活,只相信传统道德的那些人。福楼拜使用的"布尔乔亚"从来不具有马克思主义政治经济学上的内涵……指的是人的心灵状态,而不是经济状况。[1]

布尔乔亚的生活,即在无衣食之患的物质基础上,不假思索地奉行传统道德。对人生没什么新的见解,也不求什么新的见解,对更高的目标没什么追求,也不求见识风浪和波澜。你周围同阶层的人在干什么,你跟着干就好了。

爱玛的丈夫包法利医生,就是布尔乔亚里最标准的布尔乔亚。他为人呆板,生活乏味,谈话见解充斥着人云亦云,对人生从无属于自己的独特见解,甚至连医术都非常平庸。包法利医生不喜欢生活所能提供的任何享受。他不会游泳,不会击剑,不会使枪,不懂骑马,不懂得发现任何一种生活的乐趣。即便在恋爱时期,他身上所能发生的变化,也无非是在爱情的魔力推动下,往爱玛家里多跑了几趟。

---

[1] 《文学讲稿》,〔美〕弗拉基米尔·纳博科夫著,申慧辉等译,上海译文出版社,2018年,第145页。

这样的丈夫,几乎是爱玛所能想象到的称职男人最彻底的反面。

爱玛仿佛被人从浪漫想象的小说世界里揪出来,狠狠丢进毫无浪漫可言的现实世界。她一头扎进了俗人堆儿里,一开始只是困惑,后来则是不满。情感落差累积得多了,就是希望破灭:

> 结婚以前,她原以为心中是有爱情的;可是理应由这爱情生出的幸福,却并没来临,她心想,莫非自己是搞错了。她一心想弄明白,欢愉、激情、陶醉这些字眼,在生活中究竟指的是什么,当初在书上看到它们时,她觉得它们是多么美啊。①

她有着旺盛的激情,自以为见识过更好的生活图景——虽然只是在书里。修道院时代,她曾是品学兼优的好学生,但进入社会后,她大失所望。构成这些外省邻居庸常生活的道德基础,实际上早已失衡乃至于破碎。一个人如若不肯苟且存活,是无法做到视而不见的。

而如果对希望破灭都能无动于衷,还活个什么劲呢?

福楼拜以其精确笔触为读者勾勒出这一点,同时也为爱玛的出走,提供了某种意义上极为充分的理由:

> 罗尔多夫不再作声。两人相对凝望着。发干的嘴唇被一

---

① 《包法利夫人》,[法]福楼拜著,周克希译,华东师范大学出版社,2015年,第3~4页。

股强烈的欲火烧得颤动不已；两双手都变得柔软而乏力，自然而然地让手指紧贴在一起。

"授予萨斯托-拉盖里埃尔的卡黛丽娜-尼凯兹-伊丽莎白·勒鲁，表彰她在同一农庄任雇主达五十四年之久，银牌一枚——奖金二十五法郎！"①

爱玛和罗尔多夫在农贸市场的农展会上偷情。前景是两个人在谈情说爱，背景是市场上嘈杂的喧闹——那个布尔乔亚们的世界。老太太被布尔乔亚的世俗道德所嘉奖，理由是她在同一个农庄勤勤恳恳工作了五十四年，没换老板。提供的奖励尤其讽刺：二十五法郎。

五十四年，二十五法郎！这便是世俗道德所鼓励的高尚生活，能够提供的价值奖励！

如果那个世界本身都已经失去了可靠的价值尺度，那么它所宣导的道德模范、公序良俗，其不可抗辩的权威性又何在呢？

就像《大话西游》里至尊宝质问观音跟这样一个唐僧去取经是不是要疯掉一样，过这样的生活，你是不是也要疯掉？

生活在这样一种庸俗而失衡的道德规范当中，爱玛感到了一种存在性的焦虑。如果继续如此生活，那才真的是在毁掉自己的人生。所以，哪怕稍有些蛛丝马迹，暗示她少女时读过的书本在现实当中是可能的，她也会飞蛾扑火般前去搜寻。

---

① 《包法利夫人》，[法]福楼拜著，周克希译，华东师范大学出版社，2015年，第182页。

最早在现实里向她招手、为她呈现"天国异象"的,是侯爵府邸的舞会。这场舞会让她看到了不一样的生活,让那种"粗俗的形式"有了更直观的现世呈现。一方面它是那样的浮华做作,仔细的读者不难分辨出作者的揶揄意味。但是对爱玛来说,那种浮华做作恰恰是最真实、最本质的东西。在侯爵府邸,爱玛看到了书本中曾经熟知的一切:舞步娴熟的绅士,谈吐优雅的贵妇人,双关语,白手套,钻石别针,异域风情……

书中所描写的,原来全都是真的!小说家们并没有骗她,她只是一直未曾对心向往之的生活踏出实质的一步而已。

侯爵府邸的一瞥,使爱玛久久不能忘怀。她见识了她以为的更值得去经验的生活。那么正在经验的,也就变成了一种次等的生活:

> 回忆那次舞会,成了爱玛的必修课。每逢星期三,她醒来便想:"哦!一星期前……两星期前……三星期前,我还在那儿来着!"渐渐的,容貌在记忆中模糊了;四组舞的情景淡忘了;号服,府邸,不再那么清晰可见了;细节已不复可辨,怅惘却留在了心间。[1]

爱玛当然不能一跃而成为侯爵府邸的贵人,她不属于这个阶层。惊鸿一瞥的机会,使她看到了上流社会的存在。这个机会的唯一性,

---

[1] 《包法利夫人》,[法]福楼拜著,周克希译,华东师范大学出版社,2015年,第71页。

则驱动她过多的幻想,把上流社会想象得更加上流。

她开始使出浑身解数,改造周围的世界了。结果就是,她凭借城郊姑娘该有的精明务实和土里土气,与浪漫女主的耽于幻想和不拘常俗,向习以为常的道德基础发出挑战,一头扎进偷情和偷情者编织的幻梦当中。

这不是虚荣,是命运向她发出了虚假的讯号。太阳车即将登上高天。

就是在这样的情况下,她的那些情夫,以花言巧语和三流小说中常见的惯用伎俩,向爱玛抛来橄榄枝。她亦因此看到了突破的可能性,便抓住这些救命稻草,以免自己被凡俗的生活淹没、窒息。

她享受男人名为爱慕的勾引,出于她视作梦想的爱情,而不是虚荣。

可悲的是,正因为这些不是出乎虚荣,所以这场噩梦在最后一刻降临前,她也决不会醒来。虚荣在人生经验逐渐丰富时能被轻易证伪,显出其浅薄与可笑。梦想就不一样了,梦想有扭曲现实的能力,使冒险者笃信不疑。英雄克服万险,撞破南墙,至死方休:

"你哭过了!"他说,"为什么?"

她忍不住啜泣起来。罗尔多夫以为这是激情的迸发;见她不作声,他把这沉默当作了最后一丝羞涩,于是大声说道:

"喔!原谅我吧!你是唯一让我动过心的人儿。我真是又蠢又浑!我爱你,永远永远爱你!你到底怎么啦?快告诉我!"

他跪了下去。

"嗯！……我倾家荡产了，罗尔多夫！你得借我三千法郎！"

"这……这……"他说着缓缓立起身来，脸上蒙上一层严肃的表情。

"你知道，"她急切地往下说，"我丈夫的钱全都托给一个公证人保管；可他逃走了。我们负了债；病家又老是赊账。不过财产清理还没结束；到时候我们会有钱的。可今天，要是拿不出三千法郎，人家就要扣押我们的动产；这事很紧急，已经迫在眉睫；我信任你的友情，所以就来了。"

"噢！"罗尔多夫脸色骤然变得非常苍白，他暗自想道，"她原来是为这事！"

临了他语气很平静地说：

"我没有这笔钱，亲爱的夫人。"

他没说谎。他要是有这笔钱，也许是会拿出来给她的，虽说干这等蠢事通常总让人扫兴；爱情会经受阵阵寒风，而金钱上的要求风力最猛，能把爱情连根拔除。

她望着他，愣了几分钟。

"你没有这么些钱！"

她反复说了好几遍：

"你没有这么些钱！……早知这样，我何必来受这最后的羞辱呵。你从来没有爱过我！你跟别的男人是一路货色！"

她说漏了嘴，她气昏了。

> 罗尔多夫截住她的话头,重申他目前手头拮据。①

这位讲求实际又带着浪漫情调的外省姑娘,当着旧情人的面,歇斯底里地算起了爱情的经济账。他的银丝嵌花的短枪,他的镶玳瑁的挂钟,他的一切增加情调的花里胡哨的小玩意儿,在她看来,如果出于爱情,对方把这些全卖了也能换些钱来,帮她摆脱窘境。

她为他举债,出于对爱情的信仰,她"可以凭双手去干活,去沿街乞讨"。如今她身陷麻烦当中,他又是怎么做的呢?那个惯于发誓说漂亮话的家伙,只是视若无睹,异常冷静乃至于带着愠怒重复:自己没有这笔钱。

爱玛的悲剧性在于,她试图抓住的价值比她所解构的意义更不可靠。她和最败坏的爱情虚无主义者过招,被自己的激情蒙蔽双眼,把情场老手老掉牙的伎俩当作真情告白。于是爱玛不光知道了对方的底色,也看清自己视作梦想的爱情的分量了。冲向高空的法厄同,终归不免车毁人亡的结局。

爱玛的经历,或许会令读者联想到堂吉诃德。如苏珊·桑塔格所言,他们都是读书读魔怔的人。②

塞万提斯是这样写堂吉诃德发疯之缘起的:

---

① 《包法利夫人》,[法] 福楼拜著,周克希译,华东师范大学出版社,2015年,第379页。
② 《重点所在》:"跟《包法利夫人》一样,《堂吉诃德》是一部关于阅读的悲剧。"[美] 苏珊·桑塔格著,陶洁、黄灿然等译,上海译文出版社,2011年。

> 他整个脑子里装满了从书中读到的那些怪玩意儿，什么魔法、格斗、厮杀、挑战、伤亡呀，什么打情骂俏、情爱甚笃、折磨备至呀，各种胡说八道，不一而足。最后他认为，他读到的那些梦呓般的胡编乱造都是真实的，世界上没有比这些更为确凿可信的故事了。[①]

如果不读那些骑士小说，堂吉诃德很可能会安于做个有点潦倒但尚能维持生活的穷乡绅。那些小说激荡着他，他沉醉于骑士故事荒唐的幻想，转而觉得，如果不能像骑士们一样生活，则眼下的生活也同样不值一哂了。

包法利夫人的偷情生活也是这样开始的。这是一种她摆脱布尔乔亚生活的由头。过去她享受着阅读，如今被这些三流读物所催化。

福楼拜写这部小说的时候，就是要描述一个熟读浪漫主义小说的女性，如何被这些小说坑害。

庸俗爱情小说所显露的那种浪漫，具体地讲，也就是爱玛所渴望的那些生活情调，什么爱情，异域的风光，优雅的谈吐，花前月下，就是塑造了爱玛人生观念的那些东西，正是福楼拜所深恶痛绝的。于是他抱着一种挖苦嘲讽的态度，以对高品味的追求姿态，向此类类型文学发起攻击。

那些庸俗的浪漫如此易得，弥漫于爱玛生活的周边。别的男性判定她"吃这一套"，就立刻轻易地借用些浪漫的物象符号来逢迎她。

---

① 《堂吉诃德》，[西]塞万提斯著，孙家孟译，译林出版社，2013年，第3页。

风雅和附庸风雅因此亦朱紫难辨:

> 有个小说家写了本书,一时间大家趋之若鹜,栽种仙人球成了时髦,莱昂从城里给包法利夫人带回一盆,捧在手里坐那辆燕子,一路上好几个手指都给刺疼了。①

外省的人追赶时髦,即使连时髦也是落后时兴的。前几句描述尚属云淡风轻,"好几个手指都给刺疼了",可谓揶揄到家。

与此同时,驱使爱玛错付衷心的那股对生活的激情,那种真正意义上的罗曼蒂克,却是福楼拜无法忽视也不忍挞伐的。那是人类对美好的追求,如果连这也要嘲笑,那福楼拜就无异于那些外省的布尔乔亚,也就是自己最看不上的群体了。

和外省的俗人相比,福楼拜这样描写爱玛的性格:"在热情浪漫中间透出一股讲求实际的意味。"论讲求实际、会过日子,她比平常人更精细,只是她不满足于"比周围的人好"。她有着过剩的精力和丰富的想象力,她希望过完全不同的生活。

这个后来声名狼藉的女人,其天资不是比周围的人更差,而是更好。

爱玛的背德行为既非出于虚荣或自我意识过剩,也不是什么"恋爱脑"。它是出于一个很正当甚至有些崇高的由头。她不甘心做个凡

---

① 《包法利夫人》,[法]福楼拜著,周克希译,华东师范大学出版社,2015年,第123页。

夫俗子，像周围的人那样生活，她想从生命里考问出点更有价值的东西。最保守地说，她拥有着超乎凡俗的激情需要释放。

现在，我们暂且容忍爱玛被三流爱情故事腐蚀掉的审美趣味，去审视粗俗的外壳之下那种本质，那个敦促其行动的真正根源，也就是对生活的过剩激情，然后思考这一问题：

过剩的激情，对人生有害吗？

人是不是必须要有激情，抑或应该循规蹈矩，去无声地贯彻周围人视作理所应当的公序良俗？

也许你还记得《功夫熊猫》里的情节：鸭子父亲劝诫熊猫按部就班做面条，一辈子就这么过去，熊猫却认为自己的人生不该是这样过的。

丰子恺曾回忆他的老师李叔同，说他是个"人生欲"很强的人：

> 他的做人，一定要做得彻底。他早年的尽孝，对妻子尽爱，安住在第一层楼中。中年专心研究艺术，发挥多方面的天才，便是迁居在二层楼了。强大的"人生欲"不能使他满足于二层楼，于是爬上三层楼，做和尚，修净土，研戒律，这是当然的事，毫不足怪的。做人好比喝酒：酒量小的，喝一杯花雕酒已经醉了，酒量大的，喝花雕嫌淡，必须喝高粱酒才能过瘾。文艺好比是花雕，宗教好比是高粱。弘一法师酒量很大，喝花雕不能过瘾，必须喝高粱。我酒量很小，只能喝花雕，难得喝一口高粱而已。但喝花雕的人，颇能理解喝高粱者的心。故我对于弘一法师的由艺术升华到宗教，一

向认为当然，毫不足怪的。①

丰子恺有一段很妙的比喻，将人的生活比作三层楼，第一层物质生活，第二层精神生活，第三层灵魂生活。各人随脚力不同，欲望大小，各自攀爬至不同的楼层而后止。李叔同之所以超迈凡俗，正在于他有过人的激情和人生欲。

其实对照我们自己的日常经验也不难发现，我们积极的生活态度，我们的活力所在，与正视自身的欲望密切相关。遵循教条使我们不致犯错，但正视欲望才有可能成就自我。

爱玛天然就比普通人更有活力。也正是她的活力，她的热情和浪漫，照亮了丈夫的生活，令包法利医生对之目眩神迷。这种高于普通人的活力，并不是丢人的事，甚至恰恰是值得颂扬的。

她是个人生欲很强的人，她也并不觉得自己应该"按部就班做面条"。寻常生活不能满足她，所以要爬更高的楼梯，释放对人生过多的热情。

福楼拜的嘲讽绝非出自不通风雅。恰恰相反，作者要捍卫的正是风雅本身。作家亨利·詹姆斯暗示我们，创作这部作品时的福楼拜，本身就是个浪漫派。虽然小说的主题"否定了那遥远、华丽、奇特的东西"，但这些又恰恰是作者"最喜欢的事物，是他最为高

---

① 《我与弘一法师》，收录于《缘缘堂随笔》，丰子恺著，江苏人民出版社，2016年，第127页。

雅的梦想"。[1]

我们几乎可以说，福楼拜就是包法利夫人。后者的症结所在，不过是赋予高雅精神一种粗俗的形式，错把矫揉造作当成不同凡俗罢了。

在爱玛这个人物逐渐成形的过程中，福楼拜放弃了我执立场，遵循了艺术的真实。那些水平参差不齐的作品固然误导了爱玛对生活的理解，但她所爆发出来的想象力与果决，仍然使她的生活试验远胜于平凡地度过一生。爱玛因此成为一个更有血肉的、犯了错误却高于常人的悲剧英雄。

福楼拜的文笔有一种精确的风格，像是对现实世界的复刻。但切不可以为，他所描述的便是现实主义世界本身了。福楼拜当然是精确的，但精确不是全部，由精确而形成的一种怪异风格，更能代表这位大师的特点。这种精确将真实浇铸成一种风格化、以纷繁细碎的生活情境来编织意味深长的戏剧性。他所呈现的外省风俗画，与其说是鲜活的现实，不如说是会动的画。

比如这一段就很有代表性：

> 玩罢纸牌游戏，药剂师和医生玩多米诺骨牌，爱玛换了个位子，双肘搁在桌子上看《画刊》。这本时装杂志是她带来的。莱昂坐在她旁边；两人一起看杂志上的画片，先看完的就等在那儿。爱玛还不时请他给她念配画的诗句；莱昂拖

---

[1] 《小说的艺术》，[美] 亨利·詹姆斯著，崔洁莹译，四川文艺出版社，2021年。

长声调朗诵起来,碰到描写爱情的段落念得格外用心,可是玩骨牌的响声干扰了他;奥梅先生精于此道,赢了夏尔个满双六。①

这段文字的信息密度非常高,人物的动作、空间关系、内心活动和行动表现,以一种非常有戏剧性的方式被"排布"了出来。

爱玛和夏尔是夫妻,药剂师奥梅和莱昂的常客。心无旁骛的奥梅在赢钱,夏尔在各方面都表现出了无差别的迟钝:他既不能避免跟奥梅玩多米诺骨牌时输钱,又对发生在眼皮子底下的精神出轨视若无睹。

爱玛保持着她那种对罗曼蒂克与异域风景的爱好,莱昂则在尽力地取悦他要追求的对象,用一种庸俗却又恰好不被爱玛识破其庸俗的手段:念诗,碰到描写爱情的段落就格外用心。

观众都知道《色·戒》里的麻将戏拍得很好,一台麻将桌上就蕴藏着各样勾心斗角,各样的心怀鬼胎和信息输送。福楼拜这里的处理也相似,但这里最主要的特质还不在于把这些很有戏剧张力的精神/外部世界描绘了出来,而是它的风格,那种又像是照片,又像是在进行动作的作品样貌。

电影这门艺术还有一个名字叫motion picture,也就是"动的画",但其实我们今天看到的电影远不止"动的画"了。因为里面

---

① 《包法利夫人》,[法]福楼拜著,周克希译,华东师范大学出版社,2015年,第122页。

人物动作的速度，看起来更像是现实生活的翻版，而不是画作动了起来。

福楼拜的作品则不然，它是真的像"动的画"。它不是纯粹的静态呈现，但是那种动态的速率又和现实生活中完全不同，似乎要更慢，且更加意味深长。仔细阅读你会发现，书里的时间感其实是扭曲的，甚至会生出一种"时间从这个世界里被抽离掉了"的感觉。似乎是一个对现实世界、对人物精神世界有观察癖的人，在慢放录了一天的监控摄像。也是因为这种扭曲的时间感，或者说"动的画"的风格，让这部作品看起来像一场梦。

分不清现实和幻想的这种困扰，正愈来愈深重地影响着爱玛，使她更沉浸地进行着现实世界的梦游。她总是能把这个世界的某个符码，解读出自己所在的那个世界的奇怪意义。

如果说《包法利夫人》是一场罗曼蒂克而又可笑可悲的梦，这种奇怪的时间感，岂不是随时都在提醒读者"这里是梦境"吗？不光爱玛无意闯进去的舞会是梦，不光一次次可笑又可悲的婚内出轨是梦，她的自杀，她留给丈夫的一大堆账单，都是这个梦的组成部分。

出轨，遇挫，再出轨，再遇挫，爱玛笨拙地扇动翅膀，想要逃离庸常生活，在这个过程中不断地伤害自己和别人。

然而无论如何，庸常的生活太单调了，以至于人们宁愿面对艰险与未知。

包法利夫人和堂吉诃德，作为对人生怀有极大欲望的人，他们太想飞向高空了。他们被点石成金，草草准备，就不假思索响应了命运的召唤。

但是正如奥维德说的，其殁堪悲，其志维雄。

他们划过高空时照亮了别的人，也带来了破坏性，其间所蕴含生之激情，那种迷人的东西，也使读者激动不已。即便阐释主义者一次一次试图拆解文本，求得某种历史决定论、环境决定论的权威答案，作为读者的我们，也仍然可以对同样作为读者的他们身上，看到某种情感的亲近性：他们在读书，我们也在读书，阅读难免会过心，而人总是要有所相信的。

## 第十二章 照进现世生活

我们的生活局限于具体的时代，乃至于具体的问题中，需要时不时抬起头来，看别人的生活，特别是关于生活的更有概括力的叙述，以启发更多自己去实现更好生活的灵感。

文学世界毕竟不是现实生活。小说逻辑不能作为现世经验，包法利夫人和堂吉诃德就是现成的教训。"认真你就输了"，似乎是一条面向所有读者的好心提醒。

即便如此，也并不代表作者就会放弃在作品里想象别种生活的可能性。那些虚构出来的精神世界，相比我们生活的现实世界，也未必就不重要。

就像道金斯说的那样，生物基因影响演化走向，文化模因则影响着观念迭代走向。作家们用笔塑造出的那个世界，会充斥情感，促成信念，形成为普罗大众所接受的观念。

这些东西还经常决定作者、当时的读者以及超越具体时代的读者，在人生关键时刻的抉择。

司马迁著《史记》，一生并无赫赫功勋的伯夷、叔齐，被置于列传首篇。他为什么要这么做？伯夷、叔齐是对现世大众无丝毫贡献的隐者，放到"倜傥非常之士"构成的列传之首，是否有些德不配位了？

杨照说，这其实反映了作者的一种主观价值宣示：

> 在司马迁的道德价值判断上，最纯粹最高贵的德行就是"让"，为了原则而宁愿将至高的利益与享受推出去，甚至会为了原则不惜牺牲自己的生命。这样的人，他们把坚持自己的信仰、原则看得比生命还重要。不管他们是什么样的身份地位，有没有丰功伟绩，历史都应该将他们的人格典范记录下来，传留给后世。[1]

在司马迁看来，把这样易于消失在历史长河中，却不应当消失的古人形迹记录下来，就是他的义务。《史记》是史，也是史传文学。司马迁不光是要记录真人真事，更要借助人事来表达某种有关人生意义的观念。也就是孔子所说的，"我欲载之空言，不如见之于行事之深切著明也"，它反映的是一种作者对现世的态度。

对这样的东西，抱持"认真你就输了"的态度显然是唐突的，反而需要认真以待。

虽然推让到手的利益和享受究竟算是什么德行，在今天的读者看来已经很陌生，甚至在司马迁的时代也都已微茫，但是今天我们借助《伯夷叔齐列传》，能看到这种德行的力量，看到其落地的可能性，区分出其与墨家兼爱思想的差异，感受到一种完全不同的高洁风骨。价值判断、德行、原则，这些看起来只能"载之空言"的东西，借助文学叙事，变得具体了。

当然，生活里总是不乏"说一套做一套"式的双轨并行，使正道

---

[1] 《史记的读法：司马迁的历史世界》，杨照著，广西师范大学出版社，2019年，第5页。

直行的倡导，反而沦为迂阔。但是做的那一套倘若认真深思，也必然有促使行动者那么做的观念。对这样的东西，文学作品里同样会有探讨和呈现。文学世界照进现世生活，又实在是经常发生的事情。现世的意难平，在文学的世界当中得到伸张。这和孔乙己多认得"茴"字的几种写法，有本质区别。

聊举一例，当我们有足够的阅历，读懂《桃花源记》时，也不难察觉它与普通的小说笔记之间的区别。

小说是虚构的，笔记是消遣的，用于助兴则可，却不能拘泥于作家的描摹。中国古小说出乎稗官，街谈巷语，道听途说者之所造，鲁迅先生所谓"意绪秀异，文笔可观"者是也。

魏晋六朝，神仙方术蔓延，鬼神志怪之书繁多，在这种背景下出现文人写《桃花源记》，原是不奇怪的事情。但《桃花源记》又绝非单纯以助谈兴的志怪虚构，它有着强烈的空间感，是陶渊明精心打造的容身之所，也成为后来无数归隐避世者的精神原乡。

孔子所云"道不行，乘桴浮于海"，原是一句丧气话，并无任何实操层面的意义。《桃花源记》则不同，它描摹的是一种真实切近又异于当下的现世秩序，一个和现实世界互相对照的时空。自被陶渊明创作出来以后，无数个"南阳刘子骥"都渴望到那样的地方一探究竟。尽管"向外"的探求最终无果，不同时空的读者"向内"寻找时，却又每每在精神世界里得到印证。

在今天，我们大约会把桃花源当成一种"诗意乌托邦"。说其诗意，是因表达得过于诗化。陶渊明仍旧是用潇洒的隐者之笔，勾勒几幅悠然生活的画面，而绝少进一步实操的指导；说其乌托邦，是因为它回应了那个时代如战乱、苛捐杂税、人伦之乐匮乏、社会矛盾剧烈等的现世挑战，并刻画出一种温热可触、真实可亲的俗世生活。

它似乎是在发问，倘若我们换一种活法，行不行呢？

倘若我们拉快进度条，就会在19世纪后看到真实发生的乌托邦生活实验了。那些人会主动隔绝社会，重新设计社区运作，以探寻重新设计社会的可能性。

日本小说家武者小路实笃倡导的新村主义，便是此类乌托邦生活实验中的一个。

1918年，武者小路实笃在九州日向建立新村，作为其所倡导理念的实验之地。这一行动给同在迷茫焦虑中的周作人以极大感召，他在1919年4月出版的《新青年》6卷3号上发表《日本的新村》，最早向国人介绍这场运动。同年7月份，他还前往实地参观，写下《访日本新村记》，记录下类乎桃源景致的见闻：

> 我站在马车行门口的棚下，正想换车往高城，忽见一个劳动服装的人近前问道："你可是北京来的周君吗？"我答道："是。"他便说："我是新村的兄弟们差来接你的。"旁边一个蔽衣少年也前来握手说："我是横井。"这就是横井国三郎君，那一个是斋藤德三郎君。我自从进了日向已经很兴奋，此时更觉感动欣喜，不知怎么说才好，似乎平日梦想的世界，已经到来，这两人便是首先来通告的。①

---

① 《艺术与生活》，周作人著，北京十月文艺出版社，2011年，第246~247页。

穿劳动服装的人，个体与个体间，兄弟般的友爱。这就是周作人看到的景象。

使周作人兴奋者，并非百分百的现实，而是其中所寄寓的理念。武者小路实笃的人道主义思想，在此空想社会中有了轮廓。其与《桃花源记》，一个完全形诸文字，另一个已落实到物质层面的生活，差异恐怕更多在于介质的不同，实质都是表达某种精神的指向。

文章结尾，周作人很感慨地说：

> 新村的理想，本极充满优美，令人自然向往，但如更到这地方，见这住民，即不十分考察，也能自觉的互相了解，这不但本怀好意的人群如此，即使在种种意义的敌对间，倘能互相知识，知道同是住在各地的人类的一部分，各有人间的好处与短处，也未尝不可谅解，省去许多无谓的罪恶与灾祸。我此次旅行，虽不能说有什么所得，但思想上因此稍稍扫除了阴暗的影，对于自己的理想，增加若干勇气。[1]

我们今天都很熟悉Cosplay，即通过衣饰等特定的物质标识，使自己存身于某个IP场景当中，完成精神层面的表达。周作人的感受更加强烈，他甚至因眼前所见之物而增加了对生活和理想的勇气。

无论是《桃花源记》，还是新村实验，这些行动都是对现世挑战的回应。

---

[1]《艺术与生活》，周作人著，北京十月文艺出版社，2011年，第259页。

对陶渊明来说，现世的挑战无非官场的黑暗、伦常的败坏、苛捐杂税的倾轧等，故而他想象出的世界也无非是将此等矛盾消解。19世纪后的情况就完全不同了。就外部环境讲，工业时代的降临，技术爆发对物质生活的改变，已严重威胁到个体感知，成为一种不得不克服的挑战。

这里说个容易发现的变化：交通工具的变化，或者说人类活动速度的改变。

今日的高铁可以轻松跑到时速三百公里，乘客也并不觉得奇怪，绝少有人会去细想这种速度将怎样毁灭和重构生活的形态。而在火车刚出现的时代，它却带着陌生感，速度也似乎更快，不光冲向新世界，也冲击着个体观念：

> 如果我们留在家里，看顾我们自己的生活，谁还需要铁路呢？我们没有乘坐铁路；反而是铁路乘坐我们。你想过躺在铁轨地下的枕木吗？每一条枕木都是一个人，一个爱尔兰人，或者是扬基人。他们身上铺着铁轨，覆盖着黄沙，车厢平稳地从他们身体上面开过。①

映入梭罗眼里的枕木正是这样的。工具设备刚问世时对人类观念的冲击，总是远比迭代几个版本、性能更优越时强过几十上百倍。因

---

① 《瓦尔登湖》，[美]亨利·戴维·梭罗著，[美]杰弗里·S.克莱默注，杜先菊译，人民文学出版社，2017年，第111页。

为那时的人对眼前的发明充满惊奇，还不曾适应。

对于19世纪的人，物质世界的冲击，自然绝非仅此一端。想象一下，你周遭的物质生活，方方面面都在发生类似的天翻地覆的变化。这些变化带来极大便利和效能的同时，也给个体的心灵带来极大挑战。

这种挑战驱使着人们，焦虑着人们，俾使其想象现世生活的其他可能性。在那些可能性里，个体的内心重获宁静，与外部世界再次平衡。

另一方面，精神领域，在经历启蒙运动后，异于传统社会的新观念已经风靡。于是人们忍不住向往另一种活法，向往这些新观念的"可操作性"。

既然旧的社会运作是不公不义，那么怎样的社会，才算是既公又义呢？

法国女作家乔治·桑写过一本小说《木工小史》，里面塑造了一个精神世界丰富的木匠比埃·于格南。他阅读卢梭、夏多布里昂，深受时代观念影响。在这种影响之下，他开始热切地寻找社会阶层分化的秘密，身体里生长出一个全新的自我：

> 他在自己身上感到一种天生的高贵，比所有世上的法律所承认，从而取得的荣耀更为纯洁，更为美妙。在任何时候，他都勉强压抑着隐藏在体力劳动者的外表下的一种几乎是王子式的内心冲动。更能表现他天生的伟大的，在于他用一种力量，一种灵魂的均衡忍耐着内心冲动。但是在这些神

秘的学习时刻,他高贵地坐在丝绒沙发的垫枕上,欣赏着美妙的风景,随着诗人们的描写向他透露神圣的艺术,由可以看见的表现创造出来的神圣艺术,他渐渐体会到他所欣赏风景的诗意。在这些时刻,比埃·于格南觉得自己是世上的国王;但是他在自己的沉思的额头上,在他那双干枯而粗糙的手上,又看到那奴役他的锁链的永恒伤痕时,热泪不禁夺眶而出。于是,他跪在地上,把手臂伸向天空,向上天为自己请求忍耐,为所有在地球上被抛弃在无知中和由苦难造成的麻木不仁中的愚昧的兄弟们请求正义。[1]

在比埃身上,长出了一个全新的人。这个新的比埃,是他所处的社会环境里原先所没有的。他并不像于连那样研究社会运行的规则然后努力往上爬,而是厌弃不公的世界,以至于几乎是与周围格格不入了。和他相比,这个世界显得陈旧、野蛮,充斥着不合时宜的道德,以至于非有重新设计的社会秩序,才能安置这样的人。

俄国文学有段时间密集出现了"多余人"的形象,他们精力旺盛,学识渊博,满脑子新思想,充满人道主义。但是他们却感到无比苦闷,干什么都提不起劲,周围也没有可以容纳他们的职业、领域。他们也是类似比埃的"新人"。

这种创作行为,本身即说明了文学与现世之间的强交互。有了这么一群人,出现各种"生活实验",也就不奇怪了。

---

[1] 《木工小史》,[法]乔治·桑著,齐香译,人民文学出版社,2020年,第32页。

从个体角度来说，什么样的生活是合宜的，也是个亟待重估和实验的事，特别是那种自省的、跟内心对话的验证。于是又有了不以结成社群进而推广到社会为目的的生活实验。

这种生活实验，旨在重塑内在，重新缔造人与外部环境的关系。亨利·梭罗的《瓦尔登湖》，所记述的就是这么一种生活实验。和桃花源不同，瓦尔登湖是真实存在的地点，梭罗也确实在瓦尔登湖边，按照其树立的原则生活了两年两个月零两天。

梭罗为什么要做这样一场实验？事情需要从他的朋友、美国超验主义哲学家爱默生这里说起。

爱默生是梭罗的朋友，一定程度上也算是他的精神导师。爱默生出生于波士顿一个牧师世家，1825年上哈佛神学院，1829年被任命为波士顿第二教堂牧师，布道广受欢迎。他后来定居离波士顿不远的康科德镇，成了康科德的"圣人"，还在那建立了一个"超验主义俱乐部"，与梭罗、霍桑诸人探讨文学和神学。

1837年，爱默生在哈佛大学做了一个题为《美国学者》的演讲。我们知道美国新大陆跟欧洲旧大陆是有血缘关系的，其在文化上也一直有种依附性和自卑感。而这个《美国学者》演讲，被誉为美国的"思想独立宣言"：现在美国也有自己的思想家了，是跟旧大陆截然不同的脉络。

在演讲里，爱默生号召年轻人：

> 他们还没有认识到，那些成千上万同样也希望却碰到了职业障碍的年轻人还没有认识到，如果独立的个人不受控制

地完全将自己的本能作为自我的根基,整个庞大的世界就会环绕到他周围来。耐心,——耐心;唯一的慰藉是,你自己的生命有可能是无限的;你的任务是对原则进行研究和交流,使这些本能流传开来,从而改变整个世界。……我们将用自己的双脚行走;我们将用自己的双手劳作;我们会说出我们自己的心声。[1]

将自己的本能作为自我的根基,而不是受缚于社会的成见。就像鲁迅先生说的,古来如此,便对吗?而要抵挡这种"现实的重力",自然需要和构成社会成见的一切保持距离。离人群远了,离自我就近了。

这篇演讲,是梭罗远离人群、做生活实验的一个主要动机。他考虑过好几个隐居的地方,爱默生买下了瓦尔登湖附近的十几英亩土地,并且允许梭罗住在那里,是以这就成了选中的地方。

1845年3月底,梭罗找邻居借来一把斧头,开始砍白松树搭房。除了简陋而必备的生活必需品,梭罗还带了一些书。隐居的生活同时也是阅读的好时机,纸上生活与现世生活交织一体,同等重要。《瓦尔登湖》里,可以看到梭罗引经据典,范围不限于欧洲文学,也包括印度、中东文学乃至于《论语》这样的中国作品。

这些书籍是构建一次全新生活所不可缺少的。我们和外界发生关

---

[1] [美]爱默生《美国学者》,转引自《瓦尔登湖》,[美]亨利·戴维·梭罗著,[美]杰弗里·S.克莱默注,杜先菊译,人民文学出版社,2017年,第2页。

系，要借助自身的经验、他人的智慧、社会的流俗，没有任何一种生活是单凭个体私智就能支撑起来的。而那些从书中汲取到的观念，反过来便会影响看待事物的方式。对于直接处理人们共通的私密情感经验的文学作品来说，尤其如此。

我们可以看到，梭罗对外物的观察，无不反映出经典对他的影响。书中如此描绘一场"红蚂蚁和黑蚂蚁的战争"：

> 双方都在进行拼死格斗，我却听不见任何声音，人类的战士从来不曾这样坚决地战斗过。我看见一对蚂蚁，在一道阳光灿烂的小山沟里的一堆木屑上，紧紧地掐住对方，此刻是正午时分，它们就准备从现在一直搏斗到日落以后，或者是到死为止。小一点的红蚂蚁武士像一把钳子一样夹住它的敌手的前额，在那片战场上前翻后滚，先是让对方滚下木板，然后又一刻不停地啮咬对方的触须的根部；而更强壮的黑蚂蚁则把它掀起来翻过去，我就近看时，发现它已经打掉了红蚂蚁几条肢体。它们打得比斗牛犬还要顽强。两只蚂蚁都丝毫没有退让的意图。很明显，它们的战斗口号是：不征服，毋宁死。与此同时，山谷的山坡上来了一只红蚂蚁，显然兴奋莫名，要么它已经收拾了它的敌人，要么还没有参加战斗；很可能因为没有参加战斗，因为它还没有丢掉任何肢体；它的母亲命令过它，不是带着盾牌胜利归来，就是战死沙场躺在盾牌上回来。也或许它是某个英雄阿基琉斯，独自聚集着自己的愤怒，现在要来拯救或者为帕特洛克罗斯复

仇。它从远处观察着这场实力不均衡的战斗，——因为黑蚂蚁差不多比红蚂蚁大一倍，——它飞快逼近，在离两位战士半英寸的地方等候战机；然后，它寻找机会，纵身扑到黑蚂蚁战士身上，在黑蚂蚁右前腿的根部开始咬动，于是敌人不得不选择要保护哪一条肢体；于是，这三只蚂蚁就终身捆绑在一起，就像发明了一种新的吸引力，这种吸引力是那么强烈，令所有其他铁锁和水泥等粘合剂都相形见绌。到这时候，我已经毫不怀疑，它们各自都有自己的军乐队，驻扎在某块突出的木片上，一直在演奏着它们的国歌，激励着落在后面的战士，鼓励着即将阵亡的战士。我自己也有些激动，就像它们是人类的战士一样。[1]

上面这个段落实在精彩，所以这里试图尽可能完整地摘抄整个段落（实际上原文更加精彩）。这里的关键不在于观察的仔细，而是梭罗通过书籍，重新建立个体与自然间关系的尝试。

梭罗不是法布尔，也不是梅特林克，昆虫在他笔下呈现的既不是生物学形态，也不是动物寓言中的形象。蚂蚁被拿来和阿基琉斯类比，一场像发生在人类中间那样发生的战争，战争的主体看起来似乎也被灌注了人类战士一样的灵魂。这就是关键所在。

---

[1] ［美］爱默生《美国学者》，转引自《瓦尔登湖》，［美］亨利·戴维·梭罗著，［美］杰弗里·S.克莱默注，杜先菊译，人民文学出版社，2017年，第2页。

正是荷马的故事，以及其他梭罗所阅读到的人类典籍，给了他描绘新见闻和新感受的语言。我们为什么倡导阅读经典，就是因为所读之书，会铸就我们的思想，进而影响和世界的交互。

梭罗的举动，也为我们看清他如何用阅读重建生活提供了一个范例。

超验主义有些很有意思的观点，比如认为自然不过是上帝的另一面，上帝就是"超灵"。超灵可以从一个人的灵魂通行无阻地进入另外一个人的灵魂，所有人的灵魂都是神圣的、相同的。这些观点当然也很深刻地影响了梭罗。对他来说，一个得之于爱默生的信念是万物间的可沟通性。

这个信念有那么点泛灵论的感觉，也确实是全新的视角和生活。这种沟通在人类间已经断裂太久了，是需要一次次练习才能复原的。他练习的方式，就是把眼前所见与荷马所说，结合在一起查看。由此我们能看到，这次对蚂蚁大战的聚焦，实则是生活实验的一个部分，一种融归自然的尝试。

既然把枕木铺进森林，让铁路修向远方是错的，那么与之相反的简朴生活，充满生机、与自然相谐的生活又该是什么样呢？梭罗试图呈现的便是这个。

这本书蕴含的思想至今仍有很强的感染力和感召力，足以见得，相对于梭罗那个时代，现代社会在今天所造成的人和自然之间的割裂，不是更弥合，反倒是更严峻了。这也促使我们更深内省现代性的得与失。

很多人把读书尤其是读虚构的文学作品，视为某种对现世的回避，其实不然。任何"见于行事"的叙事，背后都蕴藏着作者对生活的概括与判断。其对不合理的指摘乃至于对合理的设计，对我们如何更好地生活，是非常重要的。我们的生活局限于具体的时代乃至于具体的问题中，需要时不时抬起头来，看别人的生活，特别是关于生活的更有概括力的叙述，以启发更多自己去实现更好生活的灵感。

# 第十三章 通俗与经典

从各种意义上讲，阅读都像是某种航海的历程。这是个很棒的喻体。因此，我们的故事从出海开始，现在也将以出海结束。

感谢读者耐下心读到最后一章。

前面十二章，我们提到了各种介入文本的方法和视角，其实也都是试图搭建通俗和经典之间的桥梁。最后一章，我们采用更直观的案例，聊一聊通俗和经典之间的关系。

我们不妨从《教父》开始，这是部经典的电影，也是本通俗的小说，它还牵涉到经典文学里一个非常出色的人物形象。

电影《教父》一开头就甩给观众一个有趣的议题：棺材店老板是意裔美国人，以美国人的方式抚养和教导女儿，试图让儿女一代归化"美国梦"，结果失败了。女儿受美国流氓欺负，他只能过来找他的西西里老伙计，也就是老教父柯里昂替他出头，希望后者使用西西里传统，给美国流氓一点震撼。

而教父的大家庭，其实也面临同样的问题，也就是两代意裔美国人的价值观差异问题。

老柯里昂努力拼搏家业，用传统的生存之道为自己和家人建造起坚实的城墙。他在美国成功，但是有意和山姆大叔保持疏离，也许还有点敌意。结果他最看重的小儿子迈克尔一心想做个美国人，甚至参军为山姆大叔卖命，眼下他还要把一个典型的美国女人娶回家来。

这种价值观差异所诱发的戏剧冲突，使《教父》这个黑帮片看起来却有着浓浓的家庭温情。

对教父的同时代人来说，这些西西里人来到美国的时候，不光带来了家小，也带来了西西里的传统和生活方式。这种生活方式在西西里本土业已式微，在新大陆倒是很容易找到犯罪土壤，从而让这些移民获得阶层上升的可能。

但是这些移民的后代并不认可这种传统，他们连对血脉都有些自弃。而对美国梦，他们有自己的理解，这种理解当然是主流价值叙事刻意营造的产物。于是，故事的悲剧性出现了：年轻一代服膺美国梦叙事，并身体力行，最终却发现根本走不通。在对山姆大叔的内在腐烂失望已极后，他们的西西里血脉觉醒，又回到父辈的老路上。

连接着后面两部续作，《教父》系列就成了迈克尔的个人成长史：他如何努力试图摆脱西西里传统，想把自己变成彻头彻尾的美国人而不得，最终还是长成西西里人。

以上说的是电影，在小说里，故事的情节线更复杂，老教父维多·柯里昂占据的篇幅更多，老教父的人格、性情，他的犯罪团队，在小说里得到更丰富立体的呈现。读完小说，你可以清楚看到维多是如何凭借个人的魅力与能力建立起整个犯罪帝国的。

而小说不光讲了两代人的价值观矛盾，还更广泛更深入地探讨了一些有关资本主义社会的问题。作者马里奥·普佐在小说题记中引用了巴尔扎克的话：财富背后，总有犯罪。这个命题正是小说更广阔的探讨空间。

老教父的发家史，恰恰向读者呈现了那种社会制度之下财富与犯罪的微妙关系。在其间发生作用的，不只是西西里传统，更是维多这个精明强横的个体对资本主义的天才般的适应。

作为这个帝国的君王，维多有着复杂多重的性格面向。他的苦难坚忍，他的家庭责任感，他的残忍精明，他对社会运转的独到了解，他善于捕捉机会的敏锐性，以及游离于法与非法间的过人技巧，这些复杂因素共同合力，最终构筑起他"社会赢家"的形象。

他看透了美国社会。他洞悉警察与法律掩盖之下的犯罪本质，知道一个带着公文包的律师能够抢到的钱，甚至比一千个拿着冲锋枪的罪犯抢到的钱还多。他知道自己有权势，能提供公道，他也知道如何给公道安排一个合适的价码。他慷慨仗义的同时，勒索他人的友谊，把上到议员明星、下到街贩游民的芸芸众生，装入自己的口袋。

于是在老教父的独到理解和娴熟操控下，犯罪被他的帝国重新定义了。

犯罪不是对大众的挑衅，犯罪是一种在野状态的政治，是迥异于地上世界的另一套秩序。小说当中，维多甚至还嗤笑那些左右国际秩序的政治家：倘若由自己制定规则，二战根本不可能打起来！隐隐有跟政治家平起平坐之意。

因之，老教父也成了他所处时代、所处社会的绝佳注脚。

换句话说，有这样的社会，必然会出现这样的人。维多·柯里昂不是一种若干犯罪分子的简单撮合，而是资本主义这一社会制度的私生子。

小说的这重面向使其成为一种社会神话,就像西部片曾是一种美国拓荒史的神话一样。对于这一类神话的讲述,尤其是故事的中心——也就是它的英雄维多·柯里昂,在经典文学当中其实早有先声。甚至,我们可以把老教父的故事,视为这种先声的通俗演绎。

在《教父》题记当中,我们其实已经看到马里奥·普佐对这位前辈的致意了——这个先声,这个更早的人物,正是巴尔扎克创作的犯罪大师伏脱冷。

伏脱冷在巴尔扎克的多篇小说里出现过,比较出名的如《高老头》《幻灭》《交际花盛衰记》等。根据书中描写,此人身体强壮,肌肉发达,头脑冷静,目的明确,通达人情。他待人温和有礼貌,但神情当中自有一份凶狠。

他对待朋友非常大度,经常周济穷人,但其账本上的任何一个家伙,都不敢逾期还款。这个特点也很容易让人想起维多·柯里昂的那句名言:"有一天——也许永远不会有这一天——我会请你报答我,帮忙办点小事。"

《高老头》里面说他长得让人过目难忘,在你手头紧的时候,会借给你几个钱。迫于他的威严,或者说他身上的那股戾气,你也不会赖账。只要手头宽松了,你会立马连本带利主动返还。

他还有一帮效命于他的死党,确保他像个顶天立地的好汉那样,有恩必偿,有仇必报。在旁人眼里,伏脱冷是条响当当的好汉,他的话一旦出口就是法律。但是这个人并不是蛮干,他背景复杂,阅历广泛,洞晓这个社会运转的秘密,知道怎么运用规则创造权势。

伏脱冷了解很多事情,其目的是利用它们,比如他了解法律是为了钻法律的空子。就算是一时被抓起来,他似乎也总能逃出去。他的辩才足以饰非,当他打算用自己的这套人生哲学说服别人,成为自己犯罪帝国的门徒时,又总能成功。

在这个物欲横流的社会里,名利、欲望、野心交相辉映,永远有装腔作势的上流人物,永远有向上爬的有志青年。也正是这样的社会,最终孕育出了伏脱冷。伏脱冷在这个犯罪社会里摸爬滚打,是社会大学里毕业的专家,深度浸淫后形成了自己的一套犯罪哲学,并决心用这套犯罪哲学对抗这个犯罪社会。

《幻灭》里,为收纳吕西安这个门徒,伏脱冷发表了一番精彩的高论。这里摘取一部分:

> 如今在你们国内,成功是至高无上的理由,可以替所有的行为辩护,不管哪一种。事实本身毫无作用,重要的是人家看待事实的观念。从这一点上,小朋友,我们得出第二条规则,就是:外表要好看!藏起你生活的内幕,只拿出灿烂的一角。行事机密是野心家必须遵守的规则,也是我们一派教会的规则,你得牢牢记住。大人先生干的丑事不比穷光蛋少,不过是暗地里干的,他们平时炫耀德行,所以始终是大人先生。小百姓在暗地里发挥美德,在光天化日之下暴露他们的倒霉事儿,所以被人轻蔑。你藏起你高尚的品质,叫人看到你的疮口。你公然爱上一个女戏子,和她同居;这是你们俩的自由,没人好责备;不过你同公众的意见对立,不服

从社会的规则，也就得不到社会的尊重。要是不把高拉莉从加缪索手中抢过来，不给人知道你同她的关系，你就能娶到特·巴日东太太，一跃而为安古兰末的州长，特·吕庞泼莱侯爵。你何不改变一下行事，把你的美貌，风度，才智，诗意，统统摆在外面呢？要干不清不白的勾当，至少关着门偷偷地干，那就没人说你玷污这个社会大舞台的布景了。这个办法，拿破仑叫做躲在家里洗脏衣服。从这第二条规则必然得出一个结论：形式最重要。我所谓形式是什么意思，千万要弄清楚。有些无知无识的人为饥寒所迫，抢一笔钱，便成为刑事犯，不能不向法律负责。一个可怜的天才发明一样东西，办成企业可以发大财；你借给他三千法郎（按照那两个戈安得拿到你的三千法郎票据，盘剥你妹夫的办法），你尽量难为他，逼他出让发明的一部或全部，那你只对你的良心负责，你的良心可绝不会送你上重罪法庭。反对社会现状的人把这两种行为做对比，痛骂法律，代大众抱不平，指责法院不该把半夜里越墙偷鸡的贼送去做苦役，而一个诈欺破产，害许多人倾家的人，只监禁几个月。可是那些伪君子心里明白，法国把窃贼判罪是维持穷人与富人之间的壁垒，那壁垒是推翻不得的，否则社会就要解体；不比闹破产的商人，夺遗产的能手，为了自肥而扼杀一项企业的银行家，不过把财产换个地方罢了。所以，孩子，社会为它本身的利益，不能不在形式上有所区别，正如我为着你的利益劝你有所区别一样。最要紧是把自己看做和社会一样高。拿破仑,黎希留,美第奇家族,都自认为和他们的时代并驾齐驱。①

可以说,柯里昂耳濡目染、无师自通学到的所有知识,都早已在伏脱冷身上完成预演。伏脱冷知道怎么通过犯罪攫取财富,还把犯罪升华为一种生活价值观。

对于自身所扮演的形象,自己与社会之间那种饶有戏剧张力的关系,伏脱冷也有更加清晰的感知,并且不介意像一个马基雅维利主义者那样,用最坦率的话语表达出来。

维多·柯里昂勒索他人的友谊,只是要构筑保护家族的墙。伏脱冷抓住一个个失意的灵魂,通过暗箱运作,将之扶上高位,却不只是简单的功利实用目的。他看到了社会问题之所在,取其所弃,而为己用。

伏脱冷不像维多那样,有一个成员明确且存有亲缘关系的家族。伏脱冷是个流浪汉,他游走于街道的角落,出现在堕落的悬崖边缘。他身上带有非常鲜明的撒旦习性。他填补的是撒旦的生态位,深刻且清晰地意识到了这一点。

巴尔扎克学法律出身,对社会的洞察有着法学家式的深刻。他像牛顿观察自然世界一样,观察这个资本社会的运转,《人间喜剧》正是反映资本社会运转的一面镜子。对巴尔扎克而言,伏脱冷就是他塑造的一个在资本主义现世社会行走的活撒旦。

---

① 《幻灭》,[法]巴尔扎克著,傅雷译,人民文学出版社,2011年,第545页。

在经典文学的脉络中，撒旦是个源远流长的角色。对所有撒旦式人物来说，"犯罪"这个字眼，具有形而上学意义。在他那里，善和恶都是被重新定义的。我们平常以为善的，在那里可能是恶。反倒恶行，才是身处其间者存身的通行证：

> 欢呼吧，恐怖！欢呼吧，你这阴曹地府！
> 你，深不可测的地狱，来欢迎新的户主：
> 他心如止水，不因时过境迁而一改常态，
> 心自有它的容身之地，在它自己的世界，
> 能够把地狱变成天堂，把天堂变成地狱。[1]

维多的国度不可避免地带有类似特征。迈克尔在父亲遭到枪袭前一直未染指家族事业，而当他打算投入其中时，做的第一件事就是光天化日之下谋杀。不光要杀人，他还要求家族控制的报馆为之敷演一个听起来正义的故事。他用美国梦的方式完成一件不为美国梦允许的事。

如果说复仇的优先性尚且只是西西里的传统，迈克尔罔顾社会主流价值观，以及毫无压力地利用权势摆弄舆论，就具有更浓厚的道德内涵了。亲儿子的性格转变为我们揭示了柯里昂犯罪帝国的一角，其深处只会更幽邃，更普遍地体现这个国度的君王如何境由心造，把天堂变成地狱，把地狱变成天堂。

---

[1] 《失乐园》，[英]弥尔顿著，刘捷译，上海译文出版社，2012年，第15页。

撒旦这个文学形象被弥尔顿重新创造出来时,就曾经宣言宁愿在地狱称王,也不要在天堂中做仆。他的傲慢使他愤怒于在己之上的一切存在,维多的身上很好地继承了这种尊严。尽管他未曾明说,在现世对上帝之类的事物也保持一种得体的沉默,那也只是源于他对传统的实用处理罢了。但举凡涉及现世问题,政治也好,律法也罢,他那种兀傲尊严立刻就会显露无遗:

> 唐对他的统治倍感骄傲。对于发誓效忠他的臣民来说,他的王国非常安全,而信仰法律和秩序的普通人却大量死去。唯一美中不足的是儿子迈克尔·柯里昂拒绝了他的帮助,坚持志愿参军,报效祖国。让唐惊讶的是,组织另外几个年轻人也这么做了。其中一个年轻人对他的首领解释说:"这个国家待我一直不错。"首领向唐复述这段话的时候,唐气愤地对首领说:"我待他也很好啊。"[1]

在《教父》中,犯罪似乎更多地指向财富和情仇。通俗小说以其重心要求,未曾在动人情节外展露更多,因此维多和撒旦的关系只是隐约出现。巴尔扎克的伏脱冷就不一样了。他有着迷人的腔调和只手遮天的权势,会抓住机会进行布道,在人生的十字路口诱惑歧路的青年。他有着纯粹的恶的目的,他就是要分流上帝的羔羊,使之成

---

[1] 《教父》,[美]马里奥·普佐著,姚向辉译,江苏凤凰文艺出版社,2014年,第243~244页。

为自己的仆从。诚如他自己所说，只要自己一声令下，他的兄弟们就会立刻将耶稣再次送上十字架。这些行为，无一不是传承自撒旦的衣钵。

当我们站在创作者的角度去还原作者们的创作现场时，就比较容易注意到巴尔扎克的写作技艺背后的文学传统：《圣经》里和上帝打赌的撒旦，《浮士德》里懂得跟凡人签订契约的梅菲斯特……如果说存在一种善恶斗争的神话，伏脱冷就是这种神话落到资本主义现实后的具体形象。人物的真实可触源于其现实批判力度，其概括力则源于神话的统摄高度。罗马不是一天建起来的，文学也不是，后来者的创作文本中，总是有意或无意地住着一些先辈们的幽灵。

文学发展会呈现出地层累积的样貌。所谓经典文学，即经过时间淘汰而筛选出来的优秀文本。当然，你肯定听说过各种学院派的观点，声称文学史编纂本身即是种刻意行为，是掌握话语权的人，根据某些目的刻意拣选。这当然也是事实。但另一个不容忽视的事实是：即便没有这些拣选，依然有众多名录留在文学史上。

巨人就在那里，站在巨人肩膀上就是更明智的选择。为什么要爬巨人的肩膀？因为肩膀就在那里！经典文学正是凭此理由当仁不让地存在着。荷马、莎士比亚、巴尔扎克、托尔斯泰都是这样的人，阅读他们的作品可以是无关教养地位的纯粹审美行为，可以是创作本位立场上行家对行家的欣赏。当你试图找一个读和写的师父时，他们当中总是藏着最合适的人选。

维多·柯里昂与伏脱冷在此处的对比并非论证，而只是揭示通俗小说与经典文学之间的同源性。就"阅读技艺学习"这个行为而言，揭示或许比论证更重要。揭示提醒我们重点之所在，以找到努力的方向。

实际上就如我们的直观感受那样，经典和通俗只是渐进的两极。如果以阅读的难度去审视，一边的极端是先锋而小众的创作，另一边的极端是拥有大量粉丝拥趸的类型文学、同人文。它们看起来差异如此之大，以至于读者都忘记了——或者因尚未掌握充分的知识图谱而没来得及弄明白——它们居然出自同一源头。

那些严肃作者在小说里解构、克服前人，用自己的人物、自己的方式向先哲致意。通俗作家同样没有忘记开个玩笑，使掌握更多背景知识的读者看到故事的来路：

> "我发现了他的一些事情，"他对海格说，"万圣节前夕，他想通过那条三个脑袋的大狗。狗咬了他。我们认为他是想偷大狗看守的东西。"
>
> 海格重重地放下茶壶。
>
> "你们怎么知道路威？"他问。
>
> "路威？"
>
> "是啊——它是我的——是从我去年在酒店认识的一个希腊佬儿手里买的——我把它借给邓布利多去看守——"[1]

---

[1] 《哈利·波特与魔法石》，［英］J.K.罗琳著，马爱农、马爱新译，人民文学出版社，2018年，第149页。

"从希腊佬儿手里买的",三头狗当然是从希腊佬儿手里买的。罗琳冲读者挤眉弄眼,暗示希腊神话中的三头犬刻耳柏洛斯现在改了名、更了姓,唤作路威,借给邓校长看守魔法石了——甚至连魔法石本身,同样也是从文学传统当中借来的。如果事先知道刻耳柏洛斯能被音乐催眠,读者对于如何绕过路威这个难题,就会会心一笑。

另一方面,这些情节与意象的出处,关于它们的存在与处境还可以有更丰蕴的语境。它们不只是推动故事与唤起好奇的小把戏,还有更多作用。它们被时间淘漉出来,你掌握越多信息,就越能接近创作者的现场,从而审视创作者迈出自己这"一小步"的得与失。

另一个经典案例,是魔幻现实主义在中国当代文坛曾经掀起的波澜。

作家们为何突然青睐起魔幻现实主义?是削足适履,盲目追风,一时兴起赶时髦,抑或其确实有诸多创造理路的相通处,从而使这种笔法脱颖而出,成为最能表达作者心中所想的工具呢?

在第五章,我们已经介绍过日常幻觉的重力,以及卡夫卡、马尔克斯等人为使文学走出日常性所付出的努力。在如何捕捉时代议题的问题上,魔幻现实主义的笔法使人眼前一亮。它解决了表象与内在的悖谬,通过捕捉非理性的共同记忆,抵达了更高维度的真实。而这正好切中了当代文坛的焦虑。在马尔克斯取得世界范围声誉后,魔幻现实主义在中国大行其道也就不奇怪了。

我们完全可以期待,当魔幻现实主义的表现手法成为大众广为接受的预设后,会有舍弃掉其他内涵、专以抓住读者注意力的魔幻现实主义通俗读物出现。到那个时候，相比陌生更喜欢熟悉，相比原创性而更喜欢舒适区的读者，可能仍然并不在意这些写法的滥觞，但他们只需要通过不假思索的浅层阅读，就能消遣这些故事了。

同样可以预估的是，即便到那个时候，更深度的阅读也同样是必要的。因为总会有人不满足于通俗读物的信息密度，想追根溯源，或者试图就某个情节奇观刺激之上的问题，从更严肃的文本里寻找答案。在掌握精读的路径后，经典文学便会自己显露在他们面前。

从各种意义上讲，阅读都像是某种航海的历程。这是个很棒的喻体。因此，我们的故事从出海开始，现在也将以出海结束。

鲁滨逊的大航海是一部精神史诗。在他那里，世界是新的，探索和驾驭是不言而喻的。正如"处女地"这个词语暗示的一样，人和世界存在着非常清晰的征服与被征服关系。

到《白鲸记》的世界，事情就复杂多了。捕鲸船不只是和强大的自然造物对抗，更是一种社会学产物。鲸鱼的背上驮着整个工业世界的供需关系，在石油变成硬通货前，鲸油是工业世界的血液，维持着现代社会这个复杂机器的运转。亚哈船长是位骄傲过头的鲁滨逊。当他觉得自然不听话的时候，对自身能力过于自信的他，居然展开对自然的殊死报复。这趟复仇之旅让他送了命，也使我们重新认识自然。

与此同时，那个被我们从自然当中挖掘血液以供给其长大的社会客体，日益崛起。其改变、碾压、异化着昔日传统，也改变、碾压、异化着在传统里生活的个体。原子化的个人，强大的他者，日益疏离的人际关系。世界熟悉又陌生，格雷戈尔想不明白自己是怎么被甩进这个新社会的,他也只是这个巨大变革的一部分而已。

迷惘,困顿,荒诞。新的生活带来新的神话,新的神话渴求新的英雄。

人们期待故事被重写,不再作为道德失败者存在。检点过往,索求意义。

老渔人圣地亚哥带来了让人耳目一新的故事。这一次他是一人出海,没有船员,没有同行者。圣地亚哥不是约拿那样不体面的偷渡者,这一次,他自己掌舵,就像中国禅宗故事里描述的那样,迷时师渡,悟了自渡。

圣地亚哥有他的自信。他面对自然的时候没有亚哈的傲慢与怒火,而是把自然当成摇篮,在精神界寻找对手。他杀死大鱼,像是杀死可敬的敌人与可亲的兄弟。这是一场和自己的搏斗。他要赢得的人生,是不被自己打败。

> 那天下午,露台酒吧来了一群游客,其中有个女人从一堆空啤酒罐和死梭子鱼之间朝下面的海水望去,她看见一条又粗又长的白色脊骨,它的末端,连着一个巨大的尾巴,当强劲的东风在港湾的入口外面不断掀起大浪,那尾巴就随着潮水起伏摇摆。①

所以,没有人看见那场搏斗。

---

① 《老人与海》,[美]海明威著,鲁羊译,浙江文艺出版社,2017年,第116页。

人们能看见的是，鱼肉全部献祭回自然母亲，然后剩下在太阳下闪闪发亮的白色鱼骨。

人们看着那具鱼骨，也许还会抚摸它，想象那场真实发生的搏斗。将其讲述出来，就叫作故事。

# 参考书目

1. 《鲁滨孙飘流记》，［英］丹尼尔·笛福著，徐霞村译，人民文学出版社，2020年。
2. 《小说面面观》，［英］E.M.福斯特著，杨淑华译，人民文学出版社，2021年。
3. 《为什么读经典》，［意］卡尔维诺著，黄灿然、李桂蜜译，译林出版社，2012年。
4. 《富兰克林传》，［美］沃尔特·艾萨克森著，孙豫宁译，中信出版社，2015年。
5. 《新教伦理与资本主义精神》，［德］马克斯·韦伯著，马齐炎、陈婧译，北京大学出版社，2012年。
6. 《白鲸》，［美］赫尔曼·麦尔维尔著，曹庸译，上海译文出版社，2020年。
7. 《荷马史诗·伊利亚特》，［古希腊］荷马著，罗念生、王焕生译,人民文学出版社,2020年。

8. 《荷马史诗·奥德赛》,[古希腊]荷马著,王焕生译,人民文学出版社,2020年。

9. 《诗学》,[古希腊]亚里士多德著,陈中梅译注,商务印书馆,1996年。

10. 《曹禺戏剧选》,曹禺著,北京十月文艺出版社,2021年。

11. 《故事:材质、结构、风格和银幕剧作的原理》,[美]罗伯特·麦基著,周铁东译,天津人民出版社,2016年。

12. 《一千零一夜》,李唯中译,北京燕山出版社,2021年。

13. 《李卓吾评本水浒传》,(明)施耐庵、(明)罗贯中著,(明)李贽评,上海古籍出版社,2012年。

14. 《希腊罗马神话小百科》,曹乃云编,上海辞书出版社,2019年。

15. 《笑傲江湖》,金庸著,广州出版社,2013年。

16. 《欧也妮·葛朗台 高老头》,[法]巴尔扎克著,王振孙译,上海译文出版社,2010年。

17. 《荷马史诗中的生与死》,[加拿大]加斯帕·格里芬著,刘淳译,张巍校,北京大学出版社,2015年。

18. 《治史三书》,严耕望著,上海人民出版社,2016年。

19. 《与父亲的奥德赛》,[美]丹尼尔·门德尔松著,卓雨译,上海人民出版社,2022年。

20. 《荒凉山庄》,[英]狄更斯著,主万、徐自立译,人民文学出版社,2020年。

21.《李尔王》，[英]莎士比亚著，朱生豪译，译林出版社，2013年。

22.《埃涅阿斯纪 特洛亚妇女》，[古罗马]维吉尔、[古罗马]塞内加著，杨周翰译，上海人民出版社，2016年。

23.《西方正典》，[美]哈罗德·布鲁姆著，江宁康译，译林出版社，2011年。

24.《古代小品文鉴赏辞典》，施蛰存等撰写，上海辞书出版社，2011年。

25.《庄子今注今译》，（战国）庄子著，陈鼓应注译，中华书局，2016年。

26.《文史通义校注》，（清）章学诚著，叶瑛校注，中华书局，2014年。

27.《俄国文学史》，[俄]德·斯·米尔斯基著，刘文飞译，商务印书馆，2020年。

28.《文学讲稿》，[美]弗拉基米尔·纳博科夫著，申慧辉等译，上海译文出版社，2018年。

29.《上升的一切必将汇合》，[美]弗兰纳里·奥康纳著，张小意译，人民文学出版社，2016年。

30.《贯华堂第六才子书西厢记》，（清）金圣叹著，周锡山编校，万卷出版公司，2009年。

31.《红楼梦》，（清）曹雪芹著，人民文学出版社，2008年。

32.《三国演义：毛宗岗评本》，（明）罗贯中著，（清）毛宗岗评改，上海古籍出版社，2014年。

33. 《安娜·卡列尼娜》，[俄]托尔斯泰著，于大卫译，天津人民出版社，2019年。

34. 《谈艺录》，钱锺书著，商务印书馆，2011年。

35. 《张看（上下）：张爱玲散文结集》，张爱玲著，经济日报出版社，2002年。

36. 《罪与罚》，[俄]陀思妥耶夫斯基著，汝龙译，译林出版社，2021年。

37. 《黄金时代》，王小波著，作家出版社，2015年。

38. 《卡夫卡中短篇小说全集》，[奥地利]卡夫卡著，叶廷芳等译，人民文学出版社，2015年。

39. 《鲁迅全集》，鲁迅著，人民文学出版社，2005年。

40. 《国富论》，[英]亚当·斯密著，郭大力、王亚南译，商务印书馆，2015年。

41. 《从卡夫卡到昆德拉：20世纪的小说和小说家》，吴晓东著，生活·读书·新知三联书店，2003年。

42. 《魔戒：插图版》，[英]托尔金著，朱学恒译，译林出版社，2013年。

43. 《百年孤独》，[哥伦比亚]加西亚·马尔克斯著，范晔译，南海出版公司，2011年。

44. 《史记》，（西汉）司马迁著，（南朝宋）裴骃集解，（唐）司马贞索引，（唐）张守节正义，上海古籍出版社，2015年。

45. 《悲惨世界》，[法]雨果著，李丹、方于译，人民文学出版社，2015年。

46.《基督山伯爵》，［法］大仲马著，周克希译，华东师范大学出版社，2012年。

47.《皋鹤堂批评第一奇书金瓶梅》，（明）兰陵笑笑生著，王汝梅校注，吉林大学出版社，1994年。

48.《古登堡星汉璀璨：印刷文明的诞生》，［加拿大］马歇尔·麦克卢汉著，杨晨光译，北京理工大学出版社，2014年。

49.《雪隐鹭鸶：金瓶梅的声色与虚无》，格非著，译林出版社，2014年。

50.《金瓶梅的艺术：凡夫俗子的宝卷》，孙述宇著，民主与建设出版社，2021年。

51.《理智与情感》，［英］奥斯丁著，冯涛译，上海译文出版社，2020年。

52.《巴别塔之后：语言与翻译面面观》，［英］乔治·斯坦纳著，孟醒译，浙江大学出版社，2020年。

53.《伍尔夫读书笔记》，［英］伍尔夫著，黄梅、刘炳善译，译林出版社，2016年。

54.《堂吉诃德》，［西］塞万提斯著，孙家孟译，译林出版社，2013年。

55.《乞力马扎罗的雪》，［美］海明威著，杨蔚译，天津人民出版社，2016年。

56.《西游记》，（明）吴承恩著，人民文学出版社，2010年。

57.《丧钟为谁而鸣》，［美］海明威著，程中瑞译，上海译文出版社，2011年。

58.《洛丽塔》，［美］纳博科夫著，主万译，上海译文出版社，2005年。

59.《人性论》，［英］休谟著，关文运译，商务印书馆，1980年。

60.《追忆似水年华》，［法］普鲁斯特著，李恒基、徐继曾译，译林出版社，2012年。

61.《普鲁斯特的空间》，［比利时］乔治·普莱著，张新木译，华东师范大学出版社，2015年。

62.《呼啸山庄》，［英］艾米莉·勃朗特著，宋兆霖译，上海文艺出版社，2007年。

63.《金阁寺》，［日］三岛由纪夫著，陈德文译，时代文艺出版社，2021年。

64.《中国现代小说史》，夏志清著，浙江人民出版社，2016年。

65.《小径分岔的花园》，［阿根廷］博尔赫斯著，王永年译，上海译文出版社，2015年。

66.《爱丽丝漫游仙境与镜中奇遇：诺顿注释本》，［英］刘易斯·卡罗尔著，［美］马丁·加德纳编著，陈荣彬译，湖南文艺出版社，2022年。

67.《看不见的城市》，［意］卡尔维诺著，张密译，译林出版社，2012年。

68.《马可波罗行纪》，［意］马可·波罗著，［法］沙梅昂注，冯承钧译，上海古籍出版社，2014年。

69.《尚书译注》，钱宗武译注，中华书局，2022年。

70.《容斋随笔》，（南宋）洪迈著，孔凡礼点校，中华书局，2015年。

71.《山海经校注》，袁珂著，北京联合出版公司，2022年。

72.《文学地理学》，[法]米歇尔·柯罗著，袁莉译，福建教育出版社，2021年。

73.《儒林外史》，（清）吴敬梓著，浙江古籍出版社，2010年。

74.《一句顶一万句》，刘震云著，长江文艺出版社，2009年。

75.《佩德罗·巴拉莫》，[墨西哥]胡安·鲁尔福著，屠孟超译，译林出版社，2011年。

76.《包法利夫人》，[法]福楼拜著，周克希译，华东师范大学出版社，2015年。

77.《老子注译及评介》，陈鼓应著，中华书局，2009年。

78.《拉奥孔》，[德]莱辛著，朱光潜译，人民文学出版社，2008年。

79.《战争与和平》，[俄]列夫·托尔斯泰著，娄自良译，上海译文出版社，2011年。

80.《了不起的盖茨比》，[美]菲茨杰拉德著，刘峰译，译林出版社，2012年。

81.《封神演义》，（明）许仲琳著，中华书局，2009年。

82.《苔丝》，[英]哈代著，郑大民译，上海译文出版社，2011年。

83.《美国讲稿》，[意]卡尔维诺著，萧天佑译，译林出版社，2012年。

84.《古代小说鉴赏辞典》,董乃斌、黄霖等编撰,上海辞书出版社,2004年。

85.《西西弗神话》,[法]加缪著,沈志明译,上海译文出版社,2013年。

86.《荷马的启示:从命运观到认识论》,陈中梅著,北京大学出版社,2009年。

87.《托尔斯泰或陀思妥耶夫斯基》,[美]乔治·斯坦纳著,严忠志译,浙江大学出版社,2011年。

88.《形象与象征》,[罗马尼亚]米尔恰·伊利亚德著,沈珂译,译林出版社,2022年。

89.《西游故事跨文本研究》,赵毓龙著,中国社会科学出版社,2016年。

90.《失乐园》,[英]弥尔顿著,刘捷译,上海译文出版社,2012年。

91.《神曲·地狱篇》,[意]但丁著,田德旺译,人民文学出版社,2002年。

92.《路西弗与普罗米修斯:弥尔顿的撒旦形象研究》,[以色列]R.J.茨威·韦布洛夫斯基著,吴雁翔译,崔梦田、郝田虎、黄嘉音校,浙江大学出版社,2020年。

93.《教父》,[美]马里奥·普佐著,姚向辉译,江苏凤凰文艺出版社,2014年。

94.《莎士比亚四大悲剧》,[英]莎士比亚著,孙大雨译,上海译文出版社,2018年。

95.《黑暗的心 吉姆爷》，[英]约瑟夫·康拉德著，黄雨石、熊蕾译，人民文学出版社，2021年。

96.《漫长的告别》，[美]雷蒙德·钱德勒著，宋佥译，上海译文出版社，2017年。

97.《变形记》，[古罗马]奥维德著，杨周翰译，上海人民出版社，2016年。

98.《千面英雄》，[美]约瑟夫·坎贝尔著，黄珏苹译，浙江人民出版社，2016年。

99.《霍比特人》，[英]J.R.R.托尔金著，吴刚译，上海人民出版社，2016年。

100.《米德尔马契》，[英]乔治·艾略特著，项星耀译，人民文学出版社，1987年。

101.《重点所在》，[美]苏珊·桑塔格著，陶洁、黄灿然等译，上海译文出版社，2011年。

102.《缘缘堂随笔》，丰子恺著，江苏人民出版社，2016年。

103.《小说的艺术》，[英]亨利·詹姆斯著，崔洁莹译，四川文艺出版社，2021年。

104.《史记的读法：司马迁的历史世界》，杨照著，广西师范大学出版社，2019年。

105.《艺术与生活》，周作人著，北京十月文艺出版社，2011年。

106.《瓦尔登湖》，[美]亨利·戴维·梭罗著，[美]杰弗里·S.克莱默注，杜先菊译，人民文学出版社，2017年。

107.《木工小史》，[法]乔治·桑著，齐香译，人民文学出版社，2020年。

108.《幻灭》，[法]巴尔扎克著，傅雷译，人民文学出版社，2011年。

109.《哈利·波特与魔法石》，[英]J.K.罗琳著，马爱农、马爱新译，人民文学出版社，2018年。

110.《老人与海》，[美]海明威著，鲁羊译，浙江文艺出版社，2017年。

# 后记

书稿完成后这半年里,网络上仍旧发生着各样的事:《我的阿勒泰》大火,董宇辉与李娟直播间对谈,余华、刘震云频繁出现在各类访谈乃至于真人秀节目……读者阅读作者们的故事,似乎也期待他们成为故事的一部分。

网络具备的正是这样一种潜质,它把进入其中的质料,压平、重组,成为各种层面的故事奇观。读者会围观"抽象文化"大V,在带货直播间用真金白银选出自己的偶像,也会在碎片时间里欣赏《活着》作者某个观点的屏幕切片。

我们是读者。我们对故事的饥渴,被各种更便利的新兴媒介放大。

这种饥渴的放大甚至使读者迫不及待地成为作者,作者则成为故事角色,成为置身事外的评论者,成为一个声音。过去"比作者更懂中心思想"只是调侃,如今它可以是真相。

AI也频频闯入文学的视线。

AI能写新闻报道了，那么能写小说吗？能写诗词吗？能替代作家甚至诗人吗？

我试着用ChatGPT写故事，同一个故事，用《三国演义》式的、金庸武侠式的、翁贝托·埃科式的口吻写三遍。结果让人欣喜也难称意外：把这个作品拿到网文平台发表，足以乱真，但我也绝非因为它没有一个有血肉的父亲才贬抑其成色。两种境况间的巨大差距使文学即便不是弗兰肯斯坦，也可以被处理成弗兰肯斯坦了。

我想说的是，可读性和故事，这一组看起来极重叠的概念，在渐行渐远。不远的未来，大众读者能轻易接受AI编撰的通俗故事，却依旧对阅读《红楼梦》感到为难。

读者对文学的爱好，总是从故事开始。我们渴望读到一个好故事，一个能持续引起好奇，吸引我们全神贯注其间的故事。那些真正征服我们的文本，最终也会在各种意义上，被还原为一个故事。

《教父》是关于美国梦的故事，《了不起的盖茨比》也是。它们的关系，既不是把同一个故事讲了两遍，也不是在各自立场上呈现不同的美国梦。重要的事实乃是阅读这些故事时，或者阅读后，会形成我们自己的故事。我们为什么能质疑或认同菲茨杰拉德的论断呢？因为读完《了不起的盖茨比》后，它成了我们自己的故事。

换句话说，无论你是出于消闲，或者是研究，那些你读过的印象深刻的故事，总会出现在你真实的生活当中。它们催眠，也体现你对外部世界的理解。

读者会被牵引着做出回应。他的阅读中心，可能是《三体》《笑傲江湖》《斗罗大陆》《水浒传》，或者是《伊利亚特》。由之，他会在不自觉中，流露诸如此类的观念："在充满恶意的外部社会存身，我应该隐匿自己""升级，进化，然后痛扁当初欺凌我的家伙""朋友先于道义，不光因为讲道义的人可能是虚伪的，更因道义本身也是可疑的"，也会去回应故事："包法利夫人是渣女，贾宝玉是渣男""希腊人为一个女人打了十几年仗，太傻了"……

总有故事会进入我们的生活，不是这个，也是那个。一个完全不接触故事的人不会因此变得纯洁，只是原始。而许多读者的现实处境，则是在情节奇观层面，与作品互动，日复一日地、一天几十万字地，重复着读同一个故事，自己却浑然不觉。由此，AI也能写出不输于通俗写手的故事了。

但如今任何人都不具备这样的资格：去苛责读者，为什么不愿意习得技能，读经典作品。

那么，应该如何告诉更多人，"一名都市职员一觉醒来变成了虫子"，是更值得阅读的故事呢？

希望这本书的终点，能成为对此类问题感兴趣的您的起点。